Teologia da Educação Cristã

Teologia da Educação Cristã

A missão educativa da Igreja e suas implicações bíblicas e doutrinárias

Claudionor de Andrade

CPAD

 Aprovado pelo Conselho de Doutrina.

Capa e projeto gráfico: Rodrigo Sobral Fernandes
Editoração: Olga Rocha dos Santos

CDD: 268 – Educação Religiosa
ISBN: 85-263-0428-3

As citações bíblicas foram extraídas da versão Almeida Revista e Corrigida, Edição de 1995, da Sociedade Bíblica do Brasil, salvo indicações em contrário.

Para maiores informações sobre livros, revistas, periódicos e os últimos lançamentos da CPAD, visite nosso site: http://www.cpad.com.br

Casa Publicadora das Assembléias de Deus
Caixa Postal 331
20001-970, Rio de Janeiro, RJ, Brasil

4ª impressão: Dezembro 2014 - Tiragem: 1.000

Dedicatória

Ao pastor Horácio da Silva Júnior, reitor do
Seminário Evangélico Boa Esperança.
Homem de Deus e comprometido com a Educação Cristã,
jamais transigiu com a ortodoxia das Sagradas Escrituras.
Como pastor, educou;
como educador, conduziu milhares de almas ao
Mestre dos mestres.

Agradecimentos

Louvo a Deus pela vida do Dr. Ronaldo Rodrigues de Souza, diretor executivo da Casa Publicadora das Assembléias de Deus.

Com a sua visão das urgências do Reino de Deus e singular aptidão pelo ministério da página impressa, transformou a CPAD na editora da Educação Cristã. Homem culto e de raros pendores administrativos, vem sendo usado por Deus para a divulgação e a promoção do livro evangélico no Brasil e nos países de expressão hispânica.

Não poderia esquecer-me do pastor Antonio Gilberto. Educador e teólogo dos mais destacados na América Latina, soube como nos conduzir nas sendas da Educação Cristã relevante.

Com a paciência que já lhe é proverbial, leu os manuscritos deste livro. Sugeriu, corrigiu e acrescentou. Todas as suas intervenções foram mais do que pertinentes. Aceitei-as sem reservas.

Antonio Gilberto é, sem dúvida, o maior teólogo do Brasil.

Prefácio

Com desmedido prazer e interesse examinei no melhor das minhas aptidões o presente tratado *A Teologia da Educação Cristã,* solicitado que fui para tanto, pela nímia bondade do Pr. Claudionor de Andrade, o qual simultaneamente incluiu naquele pedido a emissão do meu modesto parecer à guisa de prefácio; a isso também aquiesci.

Na vastidão do campo da educação cristã pouco temos da lavra assembleiana respeitante ao assunto em evidência; às suas numerosas áreas a partir da teologia que lhe dá origem e sustentação. Agora está de parabéns o público ledor e estudioso das nossas igrejas e em geral, pelo lançamento em boa hora pela CPAD, da presente obra, escrito em estilo franco, direto, agradável e acima de tudo didático, como se propõe o autor no preâmbulo do livro.

Precisamos com urgência na Igreja e na sociedade em geral, de mais obras no campo literário em apreço, a saber, a dicotomia em que consiste o Evangelho de Nosso Senhor Jesus Cristo: pregar e ensinar este Evangelho a todas as nações, em toda parte, em todo o mundo, em todos os lugares, até que Jesus volte. Pregar e ensinar a Palavra são dois lados de um todo. Comunicar o Evangelho às massas sem ensiná-lo com graça e unção de Deus, e didaticamente, como está claramente expresso em Mateus 28.20, é preparar o caminho para os pérfidos semeadores do maldito joio de que nos preveniu e alertou o Senhor Jesus – o Mestre dos mestres, nos seus ensinos.

O autor deste livro, qual "destro escritor", vem enriquecer a nossa literatura com esta oportuna, necessária e utilíssima contribuição, que como os leitores verão, vem guarnecida de referências bíblicas situando o assunto em pauta nos cânones da Palavra de Deus.

Que tenha longa e profícua vida este livro, e que sob a potente mão de Deus produza farta e bendita colheita para a glória do Senhor.

Antonio Gilberto

Uma Palavra

Minha vida sempre esteve ligada à Educação Cristã. Quando criança, meus pais acordavam-me cedo, e me conduziam à Escola Dominical, que funcionava num quartinho anexo ao templo da Assembléia de Deus em São Bernardo do Campo. Naquela igreja tão querida, não havia quem não apreciasse as manhãs de domingo. Não tínhamos os recursos didáticos e pedagógicos de hoje em dia. Mas era um prazer acompanhar, pela *Minha Revistinha,* as histórias bíblicas que a nossa professora nos ia contando.

Flanelógrafo? Projetor de eslaides? Multimídia? Estávamos ainda numa época anterior à era pré-digital; a imaginação da gurizada era obrigada a trabalhar duplicadamente para suprir as carências dos recursos audiovisuais. Aquelas poucas ilustrações eram mais do que suficientes para transportar-nos à Terra Santa. Era como se lá estivéssemos com Abraão, Moisés, Elias e o Senhor Jesus. Dia desses, pus-me a rever aqueles desenhos da *Minha Revistinha,* que a CPAD publicava na década de 1960, e voltei a sentir o mesmo enlevo. Tive a sensação de que nada mudara.

Aos dezessete anos, comecei a participar mais ativamente da Escola Dominical. De vez em quando, meu professor, irmão Marcelino, de quem conservo gratas recordações, dava-me oportunidade para lecionar alguns pedaços de aula, e jamais se irritava com as minhas intromissões.

Além da Bíblia e das lições bíblicas, eu tinha acesso, agora, à biblioteca da mocidade organizada pelo pastor Roberto Montanheiro. Foi justamente aí, entre aqueles volumes que recendiam à história de minha igreja e à biografia dos peregrinos do Senhor, que teve início a minha formação teológica. A biblioteca era pequena; seu acervo todo cabia numa única estante. Todavia, sem ela não poderia eu haver chegado até aqui. Aqueles livros com marcas de outros leitores e anotações de estudantes que, sob suas páginas, debruçavam-se em busca de ajudas e consolos, ensinaram-me que o valor de uma obra não se encontra apenas na quantidade de suas informações, mas na qualidade de seus pesquisadores.

Depois disso, vim a conhecer outras escolas dominicais. Todavia, como esquecer-me daquela Escola Dominical e da professora que, gentil e amorosamente, nos conduzia a empreender as mais emocionantes viagens pelas promessas e consolações das Sagradas Escrituras? Recentemente, vim a saber que minha professora já havia dormido no Senhor. Quem pode evitar essas saudades? Temporãs ou serôdias, elas sempre acabam por nos surpreender.

Ao longo desses anos, tive o privilégio de privar-me com o pastor Antonio Gilberto. Com este humilde e ilustradíssimo servo de Deus, considerado com justa razão o maior educador cristão de nossa pátria, aprendi não somente a fazer, como também a pensar de forma bíblica, teológica e didática, a Escola Dominical. E foi justamente refletindo sobre este tão importante departamento da igreja, que me senti impulsionado a escrever esta obra. Nosso objetivo é mostrar que a Educação Cristã não é uma teoria entre outras teorias; é algo para ser posto em prática; somente assim haveremos de cumprir a Grande Comissão que nos confiou o Senhor Jesus.

Propus-me a refletir teológica e historicamente acerca dos fundamentos da Educação Cristã. Além de discorrermos sobre os alicerces teológicos desta tão importante ciência bíblica, mostraremos, nos capítulos finais desta obra, de que forma se deu a formação religiosa do povo brasileiro. Espero, assim, ter reunido material suficiente, a fim de levar o educador cristão a conscientizar-se de nossa responsabilidade diante do Mandato Educacional da Igreja de Cristo.

A minha oração é que esta Teologia da Educação Cristã leve os que se afadigam no ensino eclesiástico a pensar sobre a urgência e a imprescindibilidade de sua tarefa.

Sempre a serviço do Reino de Deus,

Pr. Claudionor de Andrade

Sumário

1

A Teologia da Educação Cristã

Sumário

Introdução

H. G. Wells afirmou que "a civilização é uma corrida entre a educação e a catástrofe". Embora o historiador inglês estivesse referindo-se ao mundo secular, sua máxima pode ser aplicada à Igreja de Cristo. Pois a principal missão desta, como a agência educadora do Reino de Deus, é levar as nações a compreender e a aceitar os princípios da Bíblia Sagrada, evitando-se, assim, tragédias como a Inquisição, o Nazismo e outras aventuras igualmente perversas e sanguinárias.

Todas as vezes que a Igreja descura de sua missão magisterial, o mundo é assaltado por desgraças e infortúnios, cujas conseqüências são ressentidas por gerações. Disposto a não repetir os erros do passado, Martinho Lutero instou o governo alemão a tornar obrigatório o ensino básico. Dessa forma, pôde o reformador fundamentar a educação pública, em seu país, nas Sagradas Escrituras. Enquanto a Alemanha se manteve nos princípios da Palavra de Deus, desfrutou de um desenvolvimento bem superior ao das nações católicas. Semelhante paralelo pode ser traçado entre os Estados Unidos e o Brasil.

À medida que os Estados Unidos avançavam como civilização, o Brasil, apesar de ter sido colonizado muito antes, regredia como país e não se encontrava como nação soberana. Qual a razão dessa disparidade? Viana Moog, em seu livro *Bandeirantes e Pioneiros,* mostra a diferença entre ambos os povos. Se os brasileiros achavam-se presos aos tentáculos de uma religiosidade retrógrada, supersticiosa e idólatra, os americanos tinham a Bíblia Sagrada como a sua única regra de fé e prática.

No Brasil, a situação somente começou a alterar-se com a chegada dos evangélicos no início do século XIX. Não obstante as leis discricionárias do império e os interditos engendrados pela Igreja Católica, as diversas confissões protestantes e evangélicas puseram-se a dinamizar um país que, embora detentor de tantas riquezas, era olhado como um gigante dolente e preguiçoso. Se ganhamos algum terreno na corrida entre a civilização e a catástrofe, devemo-lo à Educação Cristã que, representada sublimemente pela Escola Dominical, mostra estar a grandeza de um país na forma como seus filhos encaram e observam a Palavra de Deus.

A Educação Cristã não pode ser considerada uma mera filosofia; tem de ser vista como uma das mais importantes reflexões teológicas da Igreja de Cristo. Esta reflexão representará toda a diferença entre o progresso e o obscurantismo.

I. O que É a Teologia da Educação Cristã

Antes de buscarmos um conceito para a Teologia da Educação Cristã, é imprescindível que compreendamos satisfatoriamente dois termos: teologia e educação. Sobre eles, estaremos construindo a parte mais importante de nossa propositura; são os elementos básicos de nossa exposição.

1. Teologia

Esta palavra é formada por dois vocábulos gregos: *Theos*, Deus e *logia*, estudo ou tratado. Etimologicamente, o termo teologia significa estudo de Deus. Desde que a palavra foi criada pelo grego Ferécides, seu conceito vem desdobrando-se e ramificando-se com respeitável abrangência. Acredita-se que uma das mais completas definições de teologia seja a do eminente pastor metodista William Burton Pope: "É a ciência de Deus e das coisas divinas, baseada na revelação feita ao homem por meio de Jesus Cristo e sistematizada em seus vários aspectos no âmbito da Igreja Cristã".

Por conseguinte, a teologia, quando biblicamente conservadora, é a mais elevada reflexão acerca de Deus e de suas relações com o homem. Tendo como base este parâmetro, estaremos considerando as principais implicações da educação essencialmente cristã do ser humano, de acordo com a urgência que nos deixou o Senhor Jesus em sua Grande Comissão (Mt 28.19,20 e At 1.8).

2. Educação

Procedente do vocábulo latino *educatione*, a palavra educação significa etimologicamente *extrair*. Em termos pedagógicos, educar pressupõe o desenvolvimento pleno das faculdades físicas, intelectuais, morais e espirituais do ser humano, implicando mudanças de comportamento no educando em virtude da educação recebida.

O conceito de educação tem variado de pedagogo para pedagogo. De acordo com Spranger, "a educação é uma realidade humana que se tem realizado por si mesma desde os mais primitivos tempos, embora sem teoria manifesta". Para John Dewey, "o que a nutrição e a reprodução são para a vida fisiológica, é a educação para a vida social". Em seus *Princípios de Pedagogia*, Petersen escreve: "A educação existe e ocorre tão originariamente, como a vida e suas funções existem e se realizam. Educar pertence, pois, ao ser do homem de maneira original e inseparável. A educação é algo dado, é uma função do que existe, da realidade".

Os conceitos acima são basicamente utilitários; limitam-se a descrever a educação como um instrumento cuja única meta é tornar o ser humano um membro produtivo à sociedade. Seria este, porém, o principal alvo da educação? Como alguns teóricos a definem, deixam eles a impressão de que a educação não passa de uma forma de escravizar o homem em benefício de um Estado opressor e totalitário. Haja vista os sistemas educacionais da Alemanha de Hitler e da Rússia de Stalin.

Atentemos aos sublimes ditames das Sagradas Escrituras, e haveremos de constatar que a verdadeira educação não é utilitarista; baseada nos profetas hebreus e nos apóstolos de Nosso Senhor, visa levar o homem a amar a Deus acima de todas as coisas e ao seu próximo como a si mesmo. Aliás, estes são os dois principais mandamentos da Lei Divina. Se o homem não aceita o plano de Deus para a sua vida, nenhuma educação será capaz de torná-lo benéfico à sociedade.

A educação não é um mero acúmulo de informações. É formação integral do indivíduo. O que dizer daqueles que, apesar das informações armazenadas, não passam de ignorantes morais e pigmeus éticos? Alguns dos sequazes de Hitler detinham os mais cobiçados títulos acadêmicos da Europa; acham-se, porém, na galeria dos monstros da humanidade. Por outro lado, não são poucos os cristãos que, conquanto nenhuma escolaridade possuam, encontram-se perante Deus como, se dos homens, fossem os mais ilustrados. Em Provérbios, o temor do Senhor é descrito como o princípio da sabedoria (Pv I.7).

3. Educação Cristã

É a ciência magisterial da Igreja Cristã que, fundamentada na Bíblia Sagrada, tem por objetivos:

a) *A instrução do ser humano no conhecimento divino*, a fim de que ele volte a reatar a comunhão com o Criador, e venha a usufruir plenamente dos benefícios do Plano de Salvação que Deus estabeleceu em seu amado Filho. O apóstolo Paulo compreendeu perfeitamente o objetivo da Educação Cristã: "Admoestando a todo homem e ensinando a todo homem em toda a sabedoria; para que apresentemos todo homem perfeito em Jesus Cristo" (Cl I.28).

b) *A educação do crente*, para que este logre alcançar a perfeição preconizada nas Sagradas Escrituras: "Toda a Escritura é inspirada por Deus e útil para o ensino, para a repreensão, para a correção, para a educação na justiça, a fim de que o homem de Deus seja perfeito e perfeitamente habilitado para toda boa obra" (2 Tm 3.16,17).

c) *A preparação dos santos*, visando capacitá-los a cumprir integralmente os preceitos divinos da Grande Comissão: "Procura apresentar-te a Deus aprovado, como obreiro que não tem de que se envergonhar, que maneja bem a palavra da verdade" (2 Tm 2.15).

4. A Teologia da Educação Cristã

É a ciência teológica que tem por objetivo fundamentar biblicamente o magistério eclesiástico, ordenando sistematicamente suas conclusões, a fim de levar a Igreja, na capacitação do Espírito Santo, a refletir, a conscientizar-se e a cumprir plenamente sua missão pedagógica.

II. Fontes da Teologia da Educação Cristã

Sendo também uma ciência bíblica, a Teologia da Educação Cristã possui seus princípios, demandas e ordenações, através dos quais orienta a ação da Igreja em sua tarefa magisterial. Eis seus principais fundamentos:

1. A Bíblia Sagrada

É imprescindível que a Teologia da Educação Cristã tenha, como seu mais sólido fundamento, a Bíblia Sagrada, e que a considere como a inspirada, infalível e inerrante Palavra de Deus. Se não a tiver como seu principal alicerce, não poderá ela ser considerada como tal.

Não são poucos os educadores católicos e protestantes que, desprezando as Sagradas Escrituras, fazem de filosofias puramente humanistas e do ativismo político o fundamento básico daquilo que chamam de educação cristã. E o resultado não poderia ser mais desastroso. Quem não se lembra da Teologia da Libertação que, nas décadas de 60 e 70, alcançou o auge, transformando parte do clero romano num grupo de agitadores?

Apesar de haver perdido o impulso inicial, essa tal teologia continua avassalando mentes simplórias e crédulas. Seus teólogos, tidos como pedagogos cristãos, nenhum serviço relevante prestaram ao Reino de Deus. Torcendo as Sagradas Escrituras e interpretando-as sob a ótica da dialética marxista, insuflaram revoltas, estimularam guerrilhas e aumentaram a fissão social nos países latino-americanos.

2. Os credos e as declarações de fé

Além da Bíblia Sagrada, a Teologia da Educação Cristã tem como importantes fundamentos os credos e as declarações de fé decretados pelas diversas confissões cristãs. Estes, porém, não podem, sob hipótese alguma, ser considerados mais importantes que as Escrituras Sagradas, nem contrariá-las.

A fim de nos familiarizarmos com os pontos centrais de nossa fé, transcrevemos, aqui, o Credo das Assembléias de Deus no Brasil; um credo que prima pela ortodoxia doutrinária de conformidade com o ensino dos profetas do Antigo Testamento e dos apóstolos de Nosso Senhor Jesus Cristo:

"Cremos em um só Deus, eternamente subsistente em três pessoas: o Pai, o Filho e o Espírito Santo, Dt 6.4; Mt 28.19; Mc 12.29.

"Na inspiração verbal da Bíblia Sagrada, única regra infalível de fé normativa para a vida e o caráter cristão, 2 Tm 3.14-17.

"Na concepção virginal de Jesus, em sua morte vicária e expiatória, em sua ressurreição corporal dentre os mortos e sua ascensão vitoriosa aos céus, Is 7.14; Rm 8.34; At 1.9.

"Na pecaminosidade do homem que o destituiu da glória de Deus, e que somente o arrependimento e a fé na obra expiatória e redentora de Jesus Cristo é que o pode restaurar a Deus, Rm 3.23; At 3.19.

"Na necessidade absoluta do novo nascimento pela fé em Cristo e pelo poder atuante do Espírito Santo e da Palavra de Deus, para tornar o homem digno do reino dos céus, Jo 3.3-8.

"No perdão dos pecados, na salvação presente e perfeita e na eterna justificação da alma recebidos gratuitamente de Deus pela fé no sacrifício efetuado por Jesus Cristo em nosso favor, At 10.43; Rm 10.13; 3.24-26; Hb 7.25; 5.9.

"No batismo bíblico efetuado por imersão do corpo inteiro uma só vez em águas, em nome do Pai, do Filho e do Espírito Santo, conforme determinou o Senhor Jesus Cristo, Mt 28.19; Rm 6.1-6; Cl 2.12.

"Na necessidade e na possibilidade que temos de viver vida santa mediante a obra expiatória e redentora de Jesus no Calvário, através do poder regenerador, inspirador e santificador do Espírito Santo, que nos capacita a viver como fiéis testemunhas do poder de Cristo, Hb 9.14; I Pe 1.15,16.

"No batismo bíblico com o Espírito Santo que nos é dado por Deus mediante a intercessão de Cristo, com a evidência inicial de falar em outras línguas, conforme a sua vontade, At 1.5; 2.4; 10.44-46; 19.1-7.

"Na atualidade dos dons espirituais distribuídos pelo Espírito Santo à Igreja para sua edificação, conforme a sua soberana vontade, I Co 12.1-12.

"Na segunda vinda pre-milenial de Cristo, em duas fases distintas. Primeira – invisível ao mundo, para arrebatar a sua Igreja fiel da terra, antes da grande tribulação; segunda – visível e corporal, com sua Igreja glorificada, para reinar sobre o mundo durante mil anos, I Ts 4.16,17; I Co 15.51-54; Ap 20.4; Zc 14.5; Jd 14.

"Que todos os cristãos comparecerão ante o tribunal de Cristo, para receber a recompensa dos seus feitos em favor da causa de Cristo na terra, 2 Co 5.10.

"No juízo vindouro que justificará os fiéis e condenará os infiéis, Ap 20.11-15.

"E na vida eterna de gozo e felicidade para os fiéis e de tristeza e tormento para os infiéis, Mt 25.46."

3. A vocação e a tradição magisterial da Igreja

A Igreja não pode relegar nem esquecer sua vocação magisterial; Cristo a estabeleceu não somente para ser uma comunidade adoradora, mas igualmente educadora. Desde o Pentecostes, vem ela ensinando, educando e conduzindo a humanidade na obediência da Palavra de Deus.

O magistério da Igreja não é uma simples tradição como o querem alguns teólogos. É tradição, sim, porque tem história, mas, acima de tudo, vocação; fundou Cristo para que proclamasse a sua mensagem, e ensinasse a todas as nações o caminho da salvação.

III. Realidade da Teologia da Educação Cristã

A Igreja de Cristo não pode deixar de fazer teologia, porque não pode ignorar a sua vocação magisterial. Todas as vezes que ensina, faz teologia; e todas as vezes que faz teologia, ensina. O ensino para a Igreja é teologia, e a teologia, ensino. Não são apenas os teólogos formais e sistemáticos que fazem teologia, nem são apenas os ensinadores formalmente reconhecidos que ensinam. Quando o leigo testemunha de Cristo, apresentando-o como o único e suficiente Salvador, e testificando da salvação recebida, ensina fazendo teologia.

Proclamando o Evangelho, discipulando os novos convertidos e ministrando aos santos os conselhos de Deus, a Igreja ensina e faz teologia. Se deixar de lado esta sua vocação, a

Igreja deixa de ser Igreja. Conclui-se que a Teologia da Educação Cristã não é um simples acessório eclesiástico; é algo orgânico: leva a Igreja de Cristo a ser luz do mundo e sal da terra. A utilidade da Educação Cristã não pode ser negada nem menosprezada como o querem alguns fazedores de igrejas que, ao invés de encarar seus rebanhos como agências adoradoras e educadoras do Reino de Deus, vêem-nos impiamente como fontes arrecadadoras de capitais e plataforma de promoção pessoal.

IV. Utilidade da Teologia da Educação Cristã

A Teologia da Educação Cristã é imprescindível à Igreja; leva-a a refletir sobre a sua missão educadora. Como muitos menosprezam, e até ignoram essa tão sublime tarefa da Igreja, faz-se necessário que se teologize sobre o assunto. Somente assim haverão de se conscientizar acerca das demandas bíblicas respeitantes à ação pedagógica do povo de Deus. A teologia, conquanto pareça especulativa, não deve se perder no movediço e traiçoeiro terreno das especulações; sua missão é levar os fiéis a prestar a Deus um serviço de excelência.

Não basta mostrar as belezas da Teologia da Educação Cristã. É indispensável provar serem estas belezas e proposituras algo prático e aplicável no dia-a-dia da Igreja de Cristo. Como já tivemos oportunidade de ver, a Igreja de Cristo não pode deixar de ensinar nem de fazer teologia. Se ensina, faz teologia; se faz teologia, ensina. Só há uma maneira de a Igreja deixar de fazer teologia e de ensinar: ignorar as incumbências da Grande Comissão, e deixar de ser Igreja.

Enquanto a Igreja for Igreja, ela será educadora e teóloga.

Conclusão

Este foi o mandamento que o Senhor Jesus deixou aos seus discípulos pouco antes de ser assunto aos céus: "Portanto, ide, ensinai todas as nações, batizando-as em nome do Pai, e do Filho, e do Espírito Santo; ensinando-as a guardar todas as coisas que eu vos tenho mandado; e eis que eu estou convosco todos os dias, até à consumação dos séculos. Amém!" (Mt 28.19,20).

Nesta recomendação, o verbo ensinar é usado duas vezes: uma no imperativo e outra no gerúndio. A primeira implica na formação e moldagem do cristão à imagem de Cristo; a segunda abrange os fatores informativo, cognitivo e comunicativo das doutrinas, princípios e verdades eternas do Evangelho.

O que isto significa? Que a missão da Igreja é urgente, inadiável, intransferível e não pode sofrer solução de continuidade. Enquanto ela estiver na terra, tem como obrigação ensinar o Evangelho de Cristo a todos os homens em todos os lugares. Sua tarefa magisterial não pode ser limitada por fronteiras raciais, culturais e políticas. A Igreja de Cristo é a educadora do mundo, porque Deus, amando intensamente o mundo, entregou o seu Filho, a fim de que morresse por toda a humanidade. E, de Cristo Jesus, recebemos um Mandato Educacional que devemos cumprir com todo o zelo.

QUESTIONÁRIO

1. O que é a teologia?
2. O que é a educação?
3. O que é a Educação Cristã?
4. Quais os fundamentos da Teologia da Educação Cristã?
5. Qual o principal fundamento da Teologia da Educação Cristã?
6. Por que a Igreja é a agência educadora por excelência do Reino de Deus?
7. Discorra sobre a realidade da Educação Cristã.
8. Qual a utilidade da Teologia da Educação Cristã?
9. Por que o magistério da Igreja não é uma simples tradição?

2

O Mandato Educacional da Igreja

Sumário

Introdução

Billy Graham fez uma afirmação, certa feita, que sintetiza de forma simples, porém bela, a missão educadora da Igreja de Cristo: "A Bíblia não manda que os pecadores procurem a igreja, mas ordena que a igreja saia em busca dos pecadores". Poderá alguém retrucar que o evangelista americano referia-se à Grande Comissão, e não propriamente à tarefa pedagógica da Igreja. Esquecemo-nos, contudo, que a Grande Comissão é, em sua essência, o Mandato Educacional que Jesus Cristo confiou à Igreja.

No âmbito do Reino de Deus, evangelizar é o mais perfeito sinônimo do verbo educar.

Mostra a História que, todas as vezes que a Igreja desconsidera o seu Mandato Educacional, deixa de influenciar o mundo; e, deixando de influenciar o mundo, perde as características de povo de Deus. E vai, assim, desistindo de ser Igreja para se apequenar numa organização. Foi o que aconteceu, no século XV, à cristandade do Oriente. Desleixando-se quanto à sua missão de evangelizar e educar as nações bárbaras, foi a Igreja Ortodoxa surpreendida pelas hordas fanáticas de Maomé. Hoje, quem visita Istambul, depara-se com o monumento à letargia daqueles cristãos. A imponente e bela Igreja de Santa Sofia, inaugurada em 532 d.C., foi transformada numa mesquita para a tristeza dos que se mostraram incapazes de reconhecer a urgência do Mandato Educacional que nos legou o Senhor Jesus.

Neste capítulo, haveremos de discorrer sobre o que passamos a chamar de o Mandato Educacional da Igreja. Não será difícil concluir: o mesmo Jesus que nos ordenou: "Ide e pregai" também nos determina: "Ide e educai". É chegado o momento de considerarmos, com mais instâncias, o Mandato Educacional da Igreja de Cristo.

I. O que É o Mandato Educacional da Igreja

A Grande Comissão entregue por Jesus à sua Igreja sempre foi considerada uma ordenança proclamadora. No entanto, devemos encará-la igualmente como um mandato educacional. É justamente sob este instituto, nem sempre reconhecido pelo magistério eclesiástico, que a Igreja assume o seu papel como a agência educadora por excelência do Reino de Deus. A seguir, estaremos analisando a natureza deste mandato tão fundamental à expansão do conhecimento divino.

1. Definição

O Mandato Educacional da Igreja é a tarefa que o Senhor Jesus Cristo nos confiou de educar o mundo através da proclamação do Evangelho e da ação do discipulado. É a Grande Comissão exercida de maneira pedagógica e didática por meio do magistério da Palavra de Deus. Não é uma simples prática eclesiástica; não é mera tradição; não é iniciativa humana. É uma ordem divina que tem de ser devidamente cumprida por todos os que se declaram servos de Deus.

2. Quanto ao tempo

O Mandato Educacional da Igreja não foi entregue para ser observado apenas pelos crentes da primeira geração. É para ser cumprido pela Igreja de Cristo até que Ele venha arrebatar os seus santos: "E este evangelho do Reino será pregado em todo o mundo, em testemunho a todas as gentes, e então virá o fim" (Mt 24.14).

3. Quanto ao espaço

Possuindo o Evangelho de Cristo demandas universais e eternas, deve, obviamente, ser pregado em todo o mundo: "Portanto, ide, ensinai todas as nações, batizando-as em nome do Pai, e do Filho, e do Espírito Santo" (Mt 28:19).

4. O Mandato Educacional da Igreja e a Teologia da Educação Cristã.

Sendo a missão da Teologia da Educação Cristã refletir acerca das atividades educacionais da Igreja, haveremos de atentar a todas as ordenanças evangelísticas de Cristo como um mandato educacional, e não apenas como uma recomendação proclamadora. Como Igreja de Cristo nossa missão abrange tanto a evangelização quanto a educação do ser humano na Palavra de Deus.

II. As Versões do Mandato Educacional da Igreja

Temos pelo menos quatro versões do Mandato Educacional da Igreja. Encontram-se elas nos evangelhos sinópticos e no livro de Atos. Indiretamente, deparamo-nos com referências a esta missão da Igreja, do primeiro ao último livro do Novo Testamento. E caso queiramos nos aprofundar no assunto, haveremos de registrar numerosas inferências desta ordem em todo o Antigo Testamento; pois a Bíblia toda preocupa-se com a instrução do ser humano nos caminhos divinos; é ela o maior e mais perfeito compêndio de educação jamais produzido.

1. A versão de Mateus

É a versão clássica da Grande Comissão. Conhecemo-la também como o *Ide de Jesus*. Abrange tanto a evangelização como o discipulado: "E, chegando-se Jesus, falou-lhes, dizendo: É-me dado todo o poder no céu e na terra. Portanto, ide, ensinai todas as nações, batizando-as em nome do Pai, e do Filho, e do Espírito Santo; ensinando-as a guardar todas as coisas que eu vos tenho mandado; e eis que eu estou convosco todos os dias, até à consumação dos séculos. Amém!" (Mt 28.18-20).

2. A versão de Marcos

É a versão da Grande Comissão mais apreciada pelos pentecostais. É também a mais atacada pelos teólogos liberais que, desconhecendo o alcance das promessas divinas, alegam que os derradeiros versículos dessa ordenança não constam do original. Todavia, quando nos voltamos ao grego, constatamos estarem lá, em seu devido lugar, os versículos que tanto vêm incomodando os adversários do Movimento Pentecostal. Leiamos esta confortadora passagem: "E disse-lhes: Ide por todo o mundo, pregai o evangelho a toda criatura. Quem crer e for batizado será salvo; mas quem não crer será condenado. E estes sinais seguirão aos que crerem: em meu nome, expulsarão demônios; falarão novas línguas; pegarão nas serpentes; e, se beberem alguma coisa mortífera, não lhes fará dano algum; e imporão as mãos sobre os enfermos e os curarão" (Mc 16.15-18).

3. A versão de Lucas

Este evangelista, que narrou a vida e a obra do Senhor Jesus com os recursos de uma acurada historiografia, apresenta a sua versão da Grande Comissão, enfocando dois grandes momentos da Igreja: a promessa da descida do Espírito Santo sobre os discípulos e a ordem explícita acerca da evangelização. À Igreja prestes a nascer, determina o Senhor Jesus: "São estas as palavras que vos disse estando ainda convosco: convinha que se cumprisse tudo o que de mim estava escrito na Lei de Moisés, e nos Profetas, e nos Salmos. Então, abriu-lhes o entendimento para compreenderem as Escrituras. E disse-lhes: Assim está escrito, e assim convinha que o Cristo padecesse e, ao terceiro dia, ressuscitasse dos mortos; e, em seu nome, se pregasse o arrependimento e a remissão dos pecados, em todas as nações, começando por Jerusalém. E dessas coisas sois vós testemunhas. E eis que sobre vós envio a promessa de meu Pai; ficai, porém, na cidade de Jerusalém, até que do alto sejais revestidos de poder" (Lc 24.44-49).

4. A versão de Atos

Esta é a versão do Mandato Educacional da Igreja mais citada pelo Movimento Pentecostal por realçar o poder do Espírito Santo como o fator determinante para a expansão do Reino de Deus: "Mas recebereis a virtude do Espírito Santo, que há de vir sobre vós; e ser-me-eis testemunhas tanto em Jerusalém como em toda a Judéia e Samaria e até aos confins da terra" (At 1.8). Esta ordenança acha-se revestida por duas grandes e eficazes promessas. Se por um lado o Senhor insta aos discípulos que evangelizem, por outro, garante-lhes que, para isto, serão devidamente capacitados pelo Espírito Santo.

III. A Soberania do Mandato Educacional da Igreja

O Mandato Educacional da Igreja é soberano. Suas reivindicações são claras e mais do que explícitas. Como tivemos oportunidade de observar no tópico acima, o Senhor Jesus entregou este mandato à sua Igreja, e espera que o observemos à risca, porquanto de seu cumprimento depende a salvação de milhões de seres humanos. Os apóstolos emprestaram-lhe a maior importância.

1. Pedro e João

Pedro e João, diante do Sinédrio, deixaram bem claro às autoridades judaicas que o Mandato Educacional da Igreja era inegociável: "Julgai vós se é justo, diante de Deus, ouvir-vos antes a vós do que a Deus; porque não podemos deixar de falar do que temos visto e ouvido" (At 4.19,20).

2. Paulo

Paulo, ante as exigências do Mandato Educacional da Igreja, assim se postou: "Porque, se anuncio o evangelho, não tenho de que me gloriar, pois me é imposta essa obrigação; e ai de mim se não anunciar o evangelho!" (I Co 9.16).

3. A Igreja Primitiva

A Igreja Primitiva cumpriu de maneira audaz e zelosa o seu mandato educacional. No segundo capítulo de Atos, está escrito que os primeiros crentes permaneciam "na doutrina dos apóstolos", revelando, assim, que a atividade prioritária dos apóstolos era o ensino da Bíblia. O sentido literal de doutrina é ensino. Os versículos finais de Atos dos Apóstolos, apesar de enfocar prioritariamente o trabalho de Paulo, mostra com que solicitude os primeiros cristãos encaravam o trabalho pedagógico da Igreja. Aí temos o apóstolo dos gentios; preso na verdade, mas cumprindo sua missão: "E Paulo ficou dois anos inteiros na sua própria habitação que alugara e recebia todos quantos vinham vê-lo, pregando o Reino de Deus e ensinando com toda a liberdade as coisas pertencentes ao Senhor Jesus Cristo, sem impedimento algum" (At 28.30,31).

Sem impedimento algum! Busquemos ao Senhor, a fim de que, nestes últimos dias, continuemos a evangelizar e a educar o ser humano na justiça de Deus, com o mesmo espírito e estado de ânimo.

Conclusão

Todos temos a obrigação de anunciar o Evangelho de Cristo. Se para o evangelista esta tarefa é a Grande Comissão, para o ensinador é o Mandato Educacional da Igreja. Tanto o primeiro como o segundo recebeu do Senhor uma missão pessoal, urgente e intransferível. Na essência, como já o dissemos, evangelizar é educar. O Senhor Jesus de tal forma evangelizou e de tal maneira falou à sua geração das coisas concernentes ao Reino de Deus que, rapidamente, passou a ser conhecido como o Mestre dos mestres (Jo 13.13).

O cristão não pode, sob hipótese alguma, abdicar desta tarefa. Jesus o chamou justamente para educar a humanidade na Palavra de Deus. Quer seja um ensinador consumado e mestre na didática, quer seja um ensinador leigo, é a sua missão ensinar ao seu semelhante as coisas pertinentes ao Reino de Deus.

QUESTIONÁRIO

1. O que é o Mandato Educacional da Igreja?
2. Por que esse mandato é soberano?
3. Como é descrito em relação ao espaço?
4. Como é descrito em relação ao tempo?
5. Quantas versões temos deste mandato?
6. Como a Igreja Primitiva encarava este mandato?
7. O que é, na essência, a Grande Comissão?

3

A História da Educação Cristã

Sumário

Introdução

Só viremos a entender a Teologia da Educação Cristã, se conhecermos a história de um empreendimento que, iniciado pelos patriarcas do Antigo Testamento, vem conduzindo a humanidade no conhecimento do Único e Verdadeiro Deus. Da informalidade daqueles dias aos moderníssimos recursos pedagógicos do Século XXI, o ensino das Sagradas Escrituras jamais sofreu qualquer solução de continuidade. O Senhor sempre levantou homens e mulheres que, ressentidos pela urgência do Reino dos Céus, bem alto fizeram tremular o pendão de seus arcanos, profecias e doutrinas.

Em todas as iniciativas educacionais do povo de Deus, faz-se imprescindível uma teologia irresistivelmente bíblica, e que preserve o mundo da catástrofe. A história dessa teologia começa num período quase imemorial; um período de santos e heróis de Deus.

I. O Ensino da Palavra de Deus nos Tempos Bíblicos

Embora o ensino religioso do povo bíblico haja nascido com Adão e Eva, nem sempre teve um caráter formal. No tempo de Abraão, a educação espiritual e moral das crianças hebréias era responsabilidade dos patriarcas. Eram estes considerados não apenas os chefes de suas famílias como também o profeta, o sacerdote e o professor do lar. Eles detinham um poder irresistivelmente monárquico: ditavam as normas, arranjavam casamentos, comandavam pequenos exércitos, negociavam a paz, estabeleciam tratados e alianças com outros clãs e orientavam a vida econômica de seus descendentes. O que mais os caracterizava, porém, era a sua responsabilidade espiritual e pedagógica. Sua missão era educar os filhos nos caminhos do Senhor, para que o conhecimento divino não viesse a perder-se entre a gente idólatra de Canaã e do Egito.

A formalidade do ensino religioso entre os hebreus somente haveria de aparecer com Moisés que, além de libertá-los do jugo egípcio, educou-os durante a sua peregrinação de quarenta anos rumo à Terra de Promissões. Dessa forma, deixaram de ser um bando de escravos para se tornarem uma nação organizada, santa, forte, independente e soberana.

1. Nos dias de Moisés

Além de promover o ensino nacional e congregacional de Israel, Moisés ligou muita importância à instrução doméstica. Aos pais, exorta-os a atuarem como professores de seus filhos: "E estas palavras, que hoje te ordeno, estarão no teu coração; e as ensinarás a teus filhos, e delas falarás sentado em tua casa e andando pelo caminho, ao deitar-te e ao levantar-te" (Dt 6.7). Isto é clara e solenemente reiterado no capítulo 11.19,20 do mesmo livro sagrado.

As reuniões públicas recebiam igual incentivo: "Congregai o povo, homens, mulheres e pequeninos, e os estrangeiros que estão dentro das vossas portas, para que ouçam e aprendam, e temam ao Senhor vosso Deus, e tenham cuidado de cumprir todas as palavras desta lei; e que seus filhos que não a souberem ouçam, e aprendam a temer ao Senhor vosso Deus, todos os dias que viverdes sobre a terra a qual estais passando o Jordão para possuir" (Dt 31.12,13).

O sistema educacional de Moisés foi eficientíssimo. Antes, os hebreus não passavam de um bando de vassalos; nem pela liberdade ansiavam de tão acostumados que estavam à servidão egípcia. Era-lhes suficiente a comida do Faraó. Sua noção do Deus Único e Verdadeiro era precária, como precária sua percepção vocacional de povo santo, sacerdotal e profético. Com o aparecimento de Moisés, todavia, começaram eles a olhar além das pirâmides e das margens do Nilo. O grande profeta de Jeová ensinou-lhes as belezas da Lei de Deus e deixou-lhes bem claras as reivindicações divinas quanto a uma vida piedosa, justa e de adoração ao grande Eu Sou. Não fora o sistema educacional mosaico, Israel teria perecido no Egito, e no Egito seria mumificada a sua história.

2. No tempo dos reis, profetas e sacerdotes.

Alguns reis de Judá, estimulados pelos profetas, restauraram o ensino da Palavra de Deus, encarregando desse mister os levitas. Eis o exemplo de Josafá: "No terceiro ano do seu reinado enviou ele os seus príncipes, Bene-Hail, Obadias, Zacarias, Netanel e Micaías, para ensinarem nas cidades de Judá; e com eles os levitas Semaías, Netanias, Zebadias, Asael, Semiramote, Jônatas, Adonias, Tobias e Tobadonias e, com estes levitas, os sacerdotes Elisama e Jeorão. E ensinaram em Judá, levando consigo o livro da lei do Senhor; foram por todas as cidades de Judá, ensinando entre o povo" (2 Cr 17.7-9).

O bom rei Josafá incumbiu os príncipes do ensino da Lei de Deus. Que iniciativa maravilhosa! Príncipes a serviço da educação! Se os governantes atuais lhe seguissem o exemplo, haveria o mundo de obter ciência e sabedoria de Deus para vencer todas as suas dificuldades. Infelizmente, os poderosos não desejam que seus filhos tenham as luzes do saber divino. Mas aos pastores cabe-nos promover a educação do rebanho de Cristo na Palavra de Deus, a fim de que, brevemente, possamos mudar os destinos desta nação.

3. Na época de Esdras

Foi Esdras um dos maiores personagens da história hebréia. Entre as suas realizações, acham-se o estabelecimento das sinagogas em Babilônia, o ensino sistemático e popularizado da Palavra de Deus na Judéia e, de acordo com a tradição, a definição e fixação do cânon do Antigo Testamento. Provavelmente foi ele também o autor dos livros de Crônicas, Neemias e da porção sagrada que lhe leva o nome.

Nascido em Babilônia durante o exílio, Esdras viria a destacar-se como escriba e doutor da Lei (Ed 7.6). No sétimo ano de

Artaxerxes Longímano (458 a.C.), recebe ele a autorização para transferir-se à terra de seus antepassados. Acompanham-no grande número de voluntários, que, consigo, trazem dinheiro e material para reerguer o templo e restabelecer o culto sagrado.

Se a tradição judaica estiver correta, a maior realização de Esdras, como pedagogo, foi o estabelecimento das sinagogas durante o exílio judaico em Babilônia. Como estivessem os judeus longe de sua terra, distantes do Santo Templo e afastados de todos os rituais do culto levítico, Esdras, juntamente com outros escribas e eruditos, houveram por bem fundar uma escola que funcionasse como lugar de adoração, como local de instrução e alfabetização e como centro de preservação da cultura hebréia. Nasce, assim, a sinagoga. Foi no âmbito desse edifício, muitas vezes simples e rústico, que a religião mosaica pôde manter-se incontaminada numa terra onde prevalecia a vil idolatria. A Escola Dominical, como hoje a conhecemos, tem muito da antiga sinagoga. Dedicam-se ambas ao ensino relevante e popularizado da Palavra de Deus.

Já na Terra de Promissões, Esdras continuou a ensinar a Palavra de Deus aos seus contemporâneos. Em Neemias capítulo oito, deparamo-nos com uma grande reunião ao ar livre:

"Então todo o povo se ajuntou como um só homem, na praça diante da porta das águas; e disseram a Esdras, o escriba, que trouxesse o livro da lei de Moisés, que o Senhor tinha ordenado a Israel. E Esdras, o sacerdote, trouxe a lei perante a congregação, tanto de homens como de mulheres, e de todos os que podiam ouvir com entendimento, no primeiro dia do sétimo mês.

"E leu nela diante da praça que está fronteira à porta das águas, desde a alva até o meio-dia, na presença dos homens e das mulheres, e dos que podiam entender; e os ouvidos de todo o povo estavam atentos ao livro da lei.

"Esdras, o escriba, ficava em pé sobre um estrado de madeira, que fizeram para esse fim e estavam em pé junto a ele, à sua direita, Matitias, Sema, Ananías, Urias, Hilquias e Maaséias; e à sua esquerda, Pedaías, Misael, Malquias, Hasum, Hasbadana, Zacarias e Mesulão. E Esdras abriu o livro à vista de todo o povo (pois estava acima de todo o povo); e, abrindo-o ele, todo o povo se pôs em pé. Então Esdras bendisse ao Senhor, o grande Deus; e todo povo, levantando as mãos, respondeu: Amém! amém! E, inclinando-se, adoraram ao Senhor, com os rostos em terra.

"Também Jesuá, Bani, Serebias, Jamim, Acube; Sabetai, Hodias, Maaséias, Quelita, Azarias, Jozabade, Hanã, Pelaías e os levitas explicavam ao povo a lei; e o povo estava em pé no seu lugar. Assim leram no livro, na lei de Deus, distintamente; e deram o sentido, de modo que se entendesse a leitura".

Como seria maravilhoso se as igrejas se reunissem ao ar-livre para ler e explicar a Palavra de Deus! Muitos de nossos problemas seriam prontamente solucionados, e já estaríamos a viver um grande avivamento.

4. No período do ministério terreno do Senhor Jesus

Foi o Senhor Jesus, durante o seu ministério terreno, reconhecido como o Mestre por excelência. Afinal, Ele era e é a própria sabedoria. Nele residem todos os tesouros do conhecimento, da sabedoria e da ciência (Cl 2.3). Clemente de Alexandria intitulava-o o Educador por antonomásia: "O guia celestial, o Verbo, uma vez que começa a chamar os homens à salvação... cura e aconselha, tudo ao mesmo tempo. Devemos chamá-lo, então, como um único título: Educador dos humildes. Como ousaremos tomar para nós mesmos, como indivíduos e como Igreja, o título que corresponde somente a Ele".

Era o Senhor admirado por todos, pois a todos ensinava como quem tem autoridade e não como os escribas e fariseus (Mt 7.29). Em pelo menos 60 ocasiões, é o Senhor Jesus chamado de Mestre nos evangelhos. Pode haver maior distinção que esta? Isto, porém, era insuportável aos escribas e rabinos por não terem condições de competir com o Filho de Deus.

Jesus não se limitava a ensinar nas sinagogas. Ei-lo nas casas, nas mais esquecidas aldeias, à beira mar, num monte e até mesmo no Santo Templo. Sempre encontrava ocasião e oportunidade para espalhar as boas novas do Reino de Deus.

Ele curava os enfermos, realizava sinais e maravilhas e operava singulares prodígios. Mas, por maiores que fossem suas obras, jamais comprometia o ministério do ensino. Antes de ascender aos céus, onde se acha à destra de Deus a interceder por todos nós, deixou com os apóstolos estas instruções mais que explícitas: "Portanto ide, fazei discípulos de todas as nações, batizando-os em nome do Pai, e do Filho, e do Espírito Santo; ensinando-os a observar todas as coisas que eu vos tenho mandado; e eis que eu estou convosco todos os dias, até a consumação dos séculos" (Mt 28.19.20).

5. Na Igreja Primitiva

Do que Lucas registrou em Atos dos Apóstolos, é fácil concluir: os discípulos seguiram rigorosamente as ordens do Senhor Jesus Cristo. Ensinaram Jerusalém, doutrinaram toda a Judéia, evangelizaram Samaria, percorreram as regiões vizinhas à Terra Santa (Mc 16.20). E, em menos de 30 anos, ei-los a falar do Salvador na capital do Império Romano "sem impedimento algum" (At 28.31). Se a Igreja cresceu, cresceu ensinando a Palavra de Deus a toda a criatura; se expandiu, expandiu-se evangelizando e discipulando. Hoje, o caminho que temos a seguir é o mesmo. Sem o magistério do Evangelho, inexistiria a Igreja de Cristo.

II. O Ensino da Palavra de Deus no Período Posterior ao Novo Testamento

Antes de sumariarmos a história da Escola Dominical, faz-se mister evocar os vultos do Cristianismo que muito contribuíram para o ensino e a divulgação da Palavra de Deus.

Como esquecer os chamados pais da Igreja e quantos lhes seguiram o exemplo? Lembremo-nos de Orígenes, Clemente de Alexandria, Justino, o Mártir, Gregório Nazianzeno, Agostinho e outros doutores igualmente ilustres. Todos eles magnos discipuladores. E o que dizer do Dr. Lutero? O grande reformador do século XVI, apesar de seus grandes e inadiáveis compromissos, ainda encontrava tempo para ensinar as crianças. Haja vista a cartilha de doutrina que lhes preparou.

Foram eles abrindo caminho até que a Educação Cristã viesse a ter na Escola Dominical a sua maior expressão.

III. A Fundação da Escola Dominical

A Escola Dominical nasceu da visão de um homem que, compadecido pelas crianças de sua cidade, quis dar-lhes um novo e promissor horizonte. Como ficar insensível ante a situação daqueles meninos e meninas que, sem rumo, perambulavam pelas ruas de Gloucester? Nesta cidade, localizada no Sul da Inglaterra, a delinqüência infantil era um problema que parecia insolúvel. Aqueles menores roubavam, viciavam-se e eram viciados; achavam-se sempre envolvidos nos piores delitos. Tudo isso era conseqüência da Revolução Industrial que, se por um lado, levou o desemprego a milhares de artesãos, por outro, forçou o ingresso de muitas donas-de-casa no mercado de trabalho, privando-as, parcial ou totalmente, de seu encargo como educadoras dos filhos.

É nesse momento que o jornalista episcopal Robert Raikes entra em cena. Tinha ele 44 anos quando saiu pelas ruas a convidar os pequenos transgressores a que se reunissem todos os domingos para aprender a Palavra de Deus. Juntamente com o ensino religioso, ministrava-lhes Raikes várias matérias seculares: matemática, história e língua inglesa.

Não demorou muito, e a escola de Raikes já era bem popular. Entretanto, a oposição logo apareceria. Muitos eram os que o acusavam de estar quebrantando o domingo. Onde já se viu comprometer o dia do Senhor com esses moleques? Será que o Sr. Raikes não sabe que o domingo existe para ser consagrado a Deus? Robert Raikes sabia-o muito bem. Ele também sabia que Deus é adorado através de nosso trabalho amoroso e incondicional.

Embora haja começado a trabalhar em 1780, foi somente em 1783, após três anos de oração, observações e experimentos, que Robert Raikes resolveu divulgar os resultados de sua obra pioneira. No dia três de novembro de 1783, Raikes publica, em seu jornal, o que Deus operara e continuava a operar na vida daqueles meninos de Gloucester. Eis por que a data foi escolhida como o dia da fundação da Escola Dominical.

Escreve o pastor Antonio Gilberto: "Mal sabia Raikes que estava lançando os fundamentos de uma obra espiritual que atravessaria os séculos e abarcaria o globo, chegando até nós, a ponto de ter hoje dezenas de milhões de alunos e professores, sendo a maior e mais poderosa agência de ensino da Palavra de Deus de que a Igreja dispõe".

Além de Robert Raikes, muitos foram os evangelistas que se preocuparam com o ensino sistemático da Palavra de Deus às crianças. Eis o que declarou o príncipe dos pregadores, Charles Spurgeon: "Uma criança de cinco anos, se ensinada adequadamente, pode crer para a salvação tanto quanto um adulto. Estou convencido de que os convertidos de nossa igreja que se decidiram quando crianças são os melhores crentes. Julgo que são mais numerosos e genuínos do que qualquer outro grupo, são mais constantes, e, ao longo da vida, os mais firmes".

Assim reafirmou Moody o seu apoio ao ensino sistemático cristão: "Há muita desconfiança na igreja de hoje quanto à conversão de crianças. Poucos crêem que elas podem ser salvas; mas, louvado seja o Senhor, esta mentalidade já está mudando – uma luz começa a brilhar".

Expressando o mesmo sentimento que levou Robert Raikes a fundar a Escola Dominical, pondera o pastor Artur A. M. Gonçalves, reitor da Faculdade Teológica Batista de São Paulo: "As maiores vítimas dos males da nossa sociedade estão sendo as crianças. E é das crianças que vêm os mais angustiantes apelos. Para construirmos um mundo melhor, concentremos nossos esforços nas crianças. Para expandirmos o Reino de Deus, demos prioridade à evangelização das crianças".

IV. A Fundação da Escola Dominical no Brasil

A Escola Dominical no Brasil teve como nascedouro a cidade imperial de Petrópolis, no Rio de Janeiro. A data jamais será esquecida: 19 de agosto de 1885. Nesse dia, os missionários escoceses Robert e Sara Kalley dirigiram a primeira Escola Dominical em terras brasileiras. Sua audiência não era grande; apenas cinco crianças assistiram àquela aula. Mas foi suficiente para que o seu trabalho florescesse e alcançasse os lugares mais retirados de nosso país.

Hoje, no local onde funcionou a primeira Escola Dominical do Brasil, acha-se instalado um colégio. Mas ainda é possível ver ali o memorial que registra este tão singular momento do ensino da Palavra de Deus em nossa terra.

Tornou-se a Escola Dominical tão importante, que já não podemos conceber uma igreja sem ela. Haja vista que, no dia universalmente consagrado à adoração cristã, nossa primeira atividade é justamente ir a esse prestimoso educandário da Palavra de Deus. É aqui onde aprendemos os rudimentos da fé e o valor de uma vida inteiramente consagrada ao serviço do Mestre.

A. S. London afirmou, certa vez, mui taxativamente: "Extinga a Escola Bíblica Dominical, e dentro de 15 anos a sua igreja terá apenas a metade dos seus membros". Quem haverá de negar a gravidade da advertência de London? As igrejas que ousaram prescindir da Escola Dominical jazem exangues e prestes a morrer.

Conclusão

Durante muito tempo, foi a Escola Dominical sinônimo de Educação Cristã, e esta parecia limitada àquela. Hoje, a Escola Dominical é apenas uma vertente da Educação Cristã que, nas últimas décadas, ampliou consideravelmente seu raio de ação. Sem a Escola Dominical, porém, dificilmente teríamos hoje uma ciência tão desenvolvida e ciosa de seu lugar no magistério eclesiástico como a Educação Cristã. Tal é a sua importância que já temos até uma teologia que lhe é dedicada.

QUESTIONÁRIO

1. Como era o ensino da Palavra de Deus nos dias de Moisés?
2. Quem fundou a sinagoga, de acordo com a tradição judaica?
3. Nos Evangelhos, quantas vezes Jesus é chamado de mestre?
4. Quem fundou a Escola Dominical?
5. Quem fundou a Escola Dominical no Brasil?
6. Faça uma redação de 50 linhas sobre o tema: A importância da Escola Dominical.
7. Por que a Escola Dominical é importante para a Educação Cristã?

4

Os Departamentos da Educação Cristã

Sumário

Introdução

A Escola Dominical é tão importante ao magistério eclesiástico que veio a tornar-se no mais perfeito sinônimo de Educação Cristã. É impossível desassociar a idéia desta da imagem daquela. Tecnicamente, porém, a Escola Dominical é apenas uma parte da Educação Cristã.

É também responsabilidade da Educação Cristã orientar e dar os suportes necessários à Escola de Preparação de Obreiros Cristãos, à Escola de Missões Cristãs e à Escola de Formação Musical. Com estes quatro departamentos, fecha-se o círculo pedagógico do ministério cristão-evangélico, cujo objetivo é, separando o homem do mundo, santificá-lo para o serviço de Deus, a fim de que o discípulo de Cristo seja, comprovadamente, luz do mundo e sal da terra.

Vejamos, pois, antes de mais nada, o que é o Círculo da Educação Cristã, e como este se compõe.

I. O Círculo da Educação Cristã

Desde o século passado, vem a Educação Cristã buscando especializar-se nas diversas áreas do magistério eclesiástico. Antes, achava-se resumida praticamente à Escola Dominical que ia, de maneira informal, trabalhando tanto a estrutura espiritual de seus alunos como a disposição destes em se colocarem a serviço do Mestre. É claro que sempre existiram aquelas igrejas, onde a educação do homem de Deus era completa. Haja vista o projeto educacional que Martinho Lutero executou na igreja evangélica alemã: compreendia tanto a iniciação espiritual da criança quanto a plenificação acadêmica do teólogo. Além disso, dedicava-se Lutero à educação musical de suas igrejas, levando-as a enaltecer a Deus com altos louvores. Enfim, o círculo da Educação Cristã entre os luteranos achava-se completo. Mas o que era exceção vai se tornando regra na maioria das igrejas evangélicas. Hoje, toda a igreja bem constituída sabe que somente haverá de crescer e alcançar todos os seus objetivos se emprestar a devida importância à Educação Cristã de modo integral até que o círculo desta se ache plenamente em operação.

O Círculo de Educação Cristã pode ser definido como a área de atuação global do magistério eclesiástico evangélico, compreendendo os seguintes departamentos: Escola Dominical, Escola de Preparação de Obreiros Cristãos, Escola de Missões Cristãs e Escola de Formação Musical.

II. A Escola Dominical

Constituída tanto para ser a comunidade adoradora de Cristo como a agência educadora do Reino de Deus, a Igreja não pode prescindir da Escola Dominical. Pois a base da Grande Comissão, que lhe confiou o Senhor Jesus, é essencialmente teológica e magisterial. Nesse sentido, a Escola Dominical tanto interpreta quanto cumpre, correta e rigorosamente, os itens do principal mandato da Igreja de Cristo.

1. O que é a Escola Dominical

É a Escola Dominical o departamento mais importante da igreja, porque evangeliza enquanto ensina, atendendo plenamente as duas principais demandas da Grande Comissão (Mt 28.19-20).

A Escola Dominical é, também, um ministério interpessoal, tendo como prioridade máxima levar o conhecimento das Sagradas Escrituras às crianças, aos adolescentes, aos jovens, aos adultos, à família, à igreja e a toda comunidade. É a única agência de educação popular de que dispõe a igreja, a fim de divulgar, de maneira devocional, sistemática e pedagógica, a Palavra de Deus. O pastor Antonio Gilberto assim a descreve: "A Escola Dominical, devidamente funcionando, é o povo do Senhor, no dia do Senhor, estudando a Palavra do Senhor, na casa do Senhor".

2. Os objetivos da Escola Dominical

Quatro são os objetivos da Escola Dominical: ganhar almas, educar o ser humano na Palavra de Deus, desenvolver o caráter cristão e treinar obreiros.

a) *Ganhar almas.* Ganhar almas significa convencer o pecador através do Evangelho de Cristo quanto à premente necessidade de o homem arrepender-se de seus pecados, e de aceitar o Filho de Deus como o seu Único e Suficiente Salvador. Ganhar almas é o principal objetivo da Escola Dominical; antes de ser a principal agência educadora da Igreja, ela é uma agência evangelizadora e evangelística.

- *Evangelizadora*: proclama o Evangelho de Cristo enquanto ensina.
- *Evangelística*: prepara obreiros para a sublime missão de ganhar almas.

Dessa forma, cumpre a Escola Dominical a principal reivindicação da Grande Comissão que nos deixou o Senhor Jesus (Mt 28.18-20). A Escola Dominical que não evangeliza não é digna de ostentar tão significativo nome.

b) *Educar o ser humano na Palavra de Deus.* Educar significa desenvolver a capacidade física, intelectual, moral e espiritual do ser humano, tendo em vista o seu pleno desenvolvimento. No âmbito da Escola Dominical, educar implica formar o caráter do homem, consoante às demandas da Bíblia Sagrada, a fim de que ele (o ser humano) seja um perfeito reflexo dos atributos morais e comunicáveis do Criador. Escreve o Dr. Clay Risley: "Um jovem educado na Escola Dominical raramente é levado às barras dos tribunais".

As Sagradas Escrituras têm como um de seus mais sublimados objetivos justamente a educação do homem. Atentemos a estas palavras de Paulo: "Toda a Escritura é inspirada por Deus, e proveitosa para ensinar, para repreender, para corrigir, para instruir em justiça; para que o homem de Deus seja perfeito, e perfeitamente preparado para toda boa obra" (2 Tm 3.16,17).

c) *Desenvolver o caráter cristão.* Também é missão da Escola Dominical a formação de homens, mulheres e crianças piedosos. Escrevendo a Timóteo, o apóstolo Paulo é irreplicável: "Exercita-te a ti mesmo na piedade" (I Tm 4.7). A piedade não se adquire de forma instantânea; advém-nos ela de exercícios e práticas espirituais que nos levam a alcançar a estatura de perfeitos varões.

Vale aqui lembrar as apropriadíssimas palavras de Alan Redpath: "A conversão de uma alma é o milagre de um momento; a formação de um santo é a tarefa de uma vida inteira". Por conseguinte, o que é a Escola Dominical senão uma oficina de santos? Ela nos ensina como nos adestrarmos na piedade até que venhamos a ficar, em todas as coisas, semelhantes ao Senhor Jesus. Assim era Sadu Sundar Singh, o homem que se parecia com o Salvador. O que dizer de Thomas à Kempis? Em sua *Imitação de Cristo*, exorta-nos a celebrar diariamente a piedade para que alcancemos o ideal do Novo Testamento: a parecença do homem com o seu Criador. No cumprimento desse ideal tão sublime, como prescindir da Escola Dominical?

d) *Treinar obreiros.* Embora não seja um seminário, nem possua uma impressionante grade curricular, é a Escola Dominical uma eficientíssima oficina de obreiros. De suas classes é que saem os diáconos, os presbíteros, os evangelistas, os pastores, os missionários e os teólogos. A pesquisa realizada pelo Dr. C. H. Benson é bastante reveladora: "Um cálculo muito modesto assinala que 75% dos membros de todas as denominações, 85% dos obreiros e 95% dos pastores e missionários foram, em algum tempo, alunos da Escola Bíblica Dominical".

Como discordar de Benson? Se hoje escrevo este livro é porque, quando ainda tenro, meus pais preocuparam-se em levar-me a este bendito educandário. Lembro-me sempre das recomendações que o saudoso José Gomes Moreno, pastor na cidade paulista de São Bernardo do Campo, fazia aos nossos pais: "Não mande seus filhos à Escola Dominical. Venha com eles". Dos obreiros, professores e doutores na Palavra que conheço, todos tiveram uma herança espiritual comum: a Escola Dominical.

III. A Escola de Preparação de Obreiros

Além de ser uma comunidade adoradora e educadora, a Igreja de Cristo é também uma comunidade de serviços. E tendo como missão intransferível e inadiável servir tanto a Deus quanto aos homens, deve ela treinar adequadamente seus membros, capacitando-os a cumprir plenamente os vários ministérios que lhe entregou o Senhor Jesus. Um ilustre teólogo do século passado afirmou mui acertadamente: "A Igreja não existe pela Igreja. Existe pela humanidade". Deus a colocou no mundo, a fim de que, glorificando a Cristo, viesse a consagrar-se pela redenção de toda a raça humana, proclamando a tempo e fora de tempo o Evangelho de Nosso Senhor.

Houve tempo em que a preparação de obreiros estava circunscrita à Escola Dominical. Com a especialização dos vários ramos do serviço cristão, porém, as igrejas evangélicas começaram a ressentir-se de escolas que lhes instruíssem eficazmente seus obreiros com vistas à evangelização, à obra missionária, ao magistério, à formação musical, à assistência social etc. Foi justamente aí, em meio a estas demandas, que a Educação Cristã começou a se voltar, de forma mais sistemática e técnica, à preparação de obreiros.

1. A Escola de Formação de Obreiros Cristãos

É o departamento especializado da Educação Cristã que tem como objetivo o treinamento de obreiros, a fim de que estes, devidamente preparados, atuem nos diversos ministérios eclesiásticos.

A Escola de Formação de Obreiros Cristãos recebe as mais diversas nomenclaturas: escolas bíblicas, escolas de obreiros, institutos bíblicos, seminários, faculdades teológicas, centro de formação de missionários e evangelistas, conservatórios musicais, etc. Com a crescente demanda de obreiros especializados, a preparação destes torna-se cada vez mais abrangente e complexa, exigindo um esforço concentrado dos educadores cristãos.

2. O objetivo da Escola de Formação de Obreiros Cristãos

A Escola de Formação de Obreiros Cristãos não visa desestimular o trabalho leigo da Igreja. Mas fazer com que este se especialize no âmbito e nos limites de sua laicização. A Igreja de Cristo, desde o seu nascimento, vem se expandindo através da ação laica dos santos. Os leigos em Jerusalém, e não somente os apóstolos, dedicavam-se a espalhar as Boas Novas do Reino que, iniciando-se na cidade atingiria em menos de trinta anos a capital do Império Romano. Portanto, o objetivo primordial da Escola de Formação de Obreiros Cristãos é preparar eficientemente os fiéis, levando-os a cumprir integralmente os itens da Grande Comissão.

Infelizmente, muitas são as instituições de ensino teológico que, na busca de uma especialização ministerial, vêm arrefecendo o trabalho laico. E o resultado não poderia ser mais desastroso. Haja vista a chamada Escolástica Protestante. Esquecendo-se dos exemplos de Lutero e de Calvino, encerrou ela seus teólogos num academicismo tão estéril, que acabou por sepultar o trabalho dos leigos que, no início da Reforma do Século XVI, levou a Europa a estremecer com a proclamação dos conselhos de Deus.

Teologia sem ação não é teologia; é mera especulação. Toda ação eclesiástica, voltada à expansão do Reino de Deus, ainda que não possua uma teologia formal, mostra, na prática, a força da verdadeira teologia. A lição de Atos dos Apóstolos não pode ser esquecida. O segundo tratado de Lucas poderia ser conhecido, hoje, como *A Doutrina dos Apóstolos*. No entanto, o ensino apostólico somente veio a cristalizar-se com a ação dos apóstolos de Nosso Senhor que, aliás, jamais deixaram de se fazer acompanhar pelos leigos. Agindo, fizeram a doutrina cristã. E as cartas de Paulo? Surgiram em decorrência da ação evangelística e didática do apóstolo e de seus auxiliares, e não através de uma mera teologização.

O que acima dissemos não anula o zelo que nossos educandários devem ter quanto à pureza doutrinária e à correção teológica das verdades esposadas pela Igreja de Nosso Senhor. Alegar ser a prática mais importante que a teologia é laborar em gravíssimo erro. A advertência de Willey Culbertson deveria ser considerada por todo teólogo e educador cristão:

"Nestes últimos anos tem-se notado nos círculos religiosos liberais a tendência de se minimizar a importância de estudos doutrinais. Freqüentemente, tem-se dado a impressão de que a sinceridade de atitude é mais importante do que o conteúdo da crença. Ainda que não se despreze a relevância da sinceridade, nenhuma pessoa sensata crê que a sinceridade possa ou deva substituir o conhecimento da verdade. Torna-se desastroso crer numa falsidade, por mais sincero que se seja e, assim, quanto mais intensa for a sinceridade, mais terríveis são as conseqüências. Só o conhecimento da verdade liberta e oferece segurança ao homem. Se isto é verdade, como de fato o é, no plano físico e material da vida, quanto mais importante será no plano dos valores espirituais com as suas conseqüências eternas!".

IV. A Escola de Formação de Missionários

Paul E. Holdcraft aconselhou àqueles que desejam consagrar-se à Obra Missionária: "Mantenha as suas ferramentas prontas. Deus lhe indicará a tarefa". Como poderão eles, todavia, conservar afiadas as ferramentas, se as escolas missionárias são ainda tão raras? Eis mais um grande desafio à Educação Cristã! Até há bem pouco tempo, conforme já vimos, achava-se a Escola Dominical encarregada por todos os empreendimentos educacionais da igreja, inclusive pela formação de missionários. Essa assistência, contudo, era precária e dolorosamente empírica. Aliás, nem os próprios seminários e institutos bíblicos conseguiam atender, de forma satisfatória, a essa tão urgente necessidade da igreja.

Em virtude das crescentes demandas de nossa época, começamos a nos ressentir de uma especialização mais intensiva e adequada nessa tão importante e exigente área do serviço cristão. Foi justamente aí que as igrejas evangélicas brasileiras puseram-se a dar a devida atenção às escolas de formação de missionários. Nos Estados Unidos e na Inglaterra, tais instituições já possuem uma tradição de quase duzentos anos.

1. O que é a Escola de Formação de Missionários

É o departamento de Educação Cristã que tem por objetivo a preparação de obreiros cristãos especializados em levar o Evangelho de Cristo além de suas fronteiras culturais e nacionais.

2. A urgência da Escola de Formação de Missionários

Tendo em vista a complexidade cultural, nacional e religiosa do mundo, faz-se mister fazer de cada missionário não apenas um ganhador de almas e fundador de igrejas (que é a sua missão básica e intransferível) mas um autêntico embaixador do Reino de Deus. Tem ele a obrigação de expor todos os conselhos de Deus, e mostrar a todos a urgência dos dias em que vivemos, pois o tempo está próximo.

3. A missão acima das missões

Ainda que venha o missionário a dedicar-se a vários misteres – medicina, assistência social, educação, linguística – não pode ele esquecer-se de que, acima de tudo, é um porta-voz dos céus. E, como tal, tem o dever de anunciar a todos o Evangelho de Nosso Senhor Jesus Cristo. Nenhuma obra social, assistencial ou educacional é completa sem a proclamação do Evangelho. Que o suspiro de nossos missionários seja o de Paulo: "Porque, se anuncio o evangelho, não tenho de que me gloriar, pois me é imposta essa obrigação; e ai de mim se não anunciar o evangelho!" (I Co 9.16). Pregar o Evangelho é a missão acima das missões.

4. O compromisso com a ortodoxia bíblica

Por mais especializado que seja o missionário, não deve ele se esquecer: a Bíblia Sagrada é a sua maior especialidade. Pode ele falar todos os idiomas, mas se não falar a língua da Palavra de

Deus, jamais será entendido. Pode dominar todas as ciências, se não conhecer, porém, a sabedoria dos profetas e dos apóstolos, não passará de um ignorante culto. Até pode curar o corpo com a medicina, se não sarar, contudo, a alma cancerada pelo pecado, será um médico doente. Pode também empreender grandes obras sociais, se não souber, todavia, edificar a Igreja de Cristo, não passará de um construtor que habita em choupana. De nada lhe adianta distribuir todos os seus bens para os pobres se ele não se der integralmente à Palavra de Deus; será um miserável diante das imensuráveis riquezas de Cristo.

O compromisso do missionário com as Sagradas Escrituras é inegociável. Deve ele ser bíblico e ortodoxo. Caso contrário, de nada lhe valerá o esforço. A missão das missões é anunciar o Evangelho integral de Nosso Senhor Jesus Cristo. Que as escolas de formação de missionários jamais se esqueçam da sã doutrina.

V. A Escola de Educação Musical

Os grandes avivamentos sempre trazem a grande música sacra como instrumento de adoração ao Senhor e de comunicação da sua mensagem. Foi o que aconteceu na Reforma Protestante, no Século XVI, e no Despertamento Wesleyano, na Inglaterra do século XVIII. Martinho Lutero não se limitou em devolver ao povo alemão a legítima teologia bíblica; deu-lhe também a autêntica música sacra: bíblica, evangélica e inspiracional. De repente, a nação acostumada aos cânticos gregorianos, soturnos e fleumáticos, pôs-se a cantar de forma vívida e retumbante como o exército de Nosso Senhor. Quem já não se emocionou com o Castelo Forte, onde o perseguido e atribulado Lutero vislumbrou, em Deus, aquele castelo que, encravado na rocha e já nas maiores alturas, é um perfeito refúgio à alma peregrina?

Teve o Grande Despertamento (1739-1789), em Charles Wesley, irmão de John, um compositor de raríssimos pendores. Ao todo, ele compôs mais de seis mil hinos, boa parte dos quais ainda é cantada ao redor do mundo. À semelhança dos alemães, puseram-se os ingleses a entoar de forma dinâmica, viva e apaixonada, prenunciando o Avivamento Pentecostal que haveria de ser deflagrado no final do século XIX. Aliás, os pentecostais consideramos John Wesley um de nossos mais representativos ancestrais na fé.

As igrejas pentecostais sempre primaram pela boa música. Que exemplo as Assembléias de Deus no Brasil! Cada igreja, até há bem pouco tempo, possuía um coro e uma banda. E o cântico congregacional? Era bastante participativo, como participativo e espontâneo o louvor que, daquelas congregações barulhentas, evolava sempre que a glória divina se manifestava. Os desfiles de bandas pelas ruas da cidade, conclamando a todos a ouvir o Evangelho de Cristo, não eram raros; eram eventos ansiosamente aguardados. Como esquecer esses tempos tão felizes?

Infelizmente, as igrejas evangélicas vêm perdendo a noção da boa música sacra que, em muitos templos, já foi de todo substituída por um arremedo que não é nem sacra nem música. É algo bizarro, cansativo, escandaloso. Num desabafo plenamente compreensível, escreve o pastor norte-americano Michael S. Horton: "No protestantismo os grandes hinos que refletiam um período centrado em Deus foram substituídos por aquilo que só se pode descrever como imitações de propaganda de televisão. Há nisso uma arrogância, como se os que criticam o estilo 'mais relevante' pelo seu conteúdo ou composição sofressem de uma doença espiritual".

Já que a música genuinamente evangélica é tão importante para o culto cristão, ela também é objeto da Educação Cristã; tem um relevantíssimo papel pedagógico a desempenhar. Concitando e movendo o ser humano a adorar a Deus, ensina-lhe ela, através da poesia e da melodia, as supremas verdades das Sagradas Escrituras. Se a música evangélica não lograr ambos os objetivos, ainda que pareça sacra, longe estará daquela consagração que o Senhor prescreve à arte desenvolvida pelos cantores e compositores da casa de Levi.

1. O que é a música

A música é a arte de manifestar os diversos sentimentos da alma humana através da artística disposição dos sons. Tecnicamente, pode ser definida como a arte e a ciência que, através da combinação da harmonia, da melodia e do ritmo, produz sons agradáveis.

A palavra música procede do vocábulo latino *musica* que, por seu turno, é originário do termo grego *mousiké*. Se buscarmos o seu étimo, veremos que este vocábulo vem de *musa* que, na Antiga Grécia, era uma das divindades mitológicas encarregadas das artes e da poesia.

2. A origem da música

Das Sagradas Escrituras, inferimos ter sido a música a arte que Deus ensinou inicialmente às primeiras dentre as suas criaturas racionais – os anjos. Ao atônito e atribulado Jó, indaga o Senhor: "Onde estavas tu quando eu fundava a terra? Faze-mo saber, se tens inteligência. Quem lhe pôs as medidas, se tu o sabes? Ou quem estendeu sobre ela o cordel? Sobre que estão fundadas as suas bases, ou quem assentou a sua pedra de esquina, quando as estrelas da alva juntas alegremente cantavam, e todos os filhos de Deus rejubilavam?" (Jó 38.5-7). A linguagem dos anjos, escreve Thomas Carlyle, só pode ser a música.

Adão ainda vivia, quando um de seus netos pôs-se a fabricar instrumentos musicais e a compor melodias: "Jubal foi o pai de todos os que tocam harpa e órgão" (Gn 4.21). Quem lhe teria ensinado a arte musical? Dessa passagem, concluímos: o ser humano já nasce com a música incrustada na alma. Da canção de ninar à marcha fúnebre, sempre haveremos de conviver com esta arte tão sublimada. Henry W. Longfelow afirmou ser a música a linguagem universal da humanidade. Logo, ao homem caberia perfeitamente o epíteto de *homo musicus* e não de *homo sapiens.*

O primeiro compositor a ter uma composição registrada na Bíblia foi Lameque (Gn 4.23,24). Em seu poema, conhecido como o *Cântico da Espada*, enaltece ele a violência, mas acaba por reconhecer a inexorabilidade da lei da semeadura e da colheita.

3. A finalidade da música

Se levarmos em conta que o maior anseio da alma humana é justamente enaltecer o Criador, deduziremos serem estas as principais finalidades da música: louvar a Deus, divulgar o Evangelho e alegrar a alma daquele que anseia pelo Redentor.

a) Louvar a Deus. Esta é a primeira e a mais alta finalidade da música. Os Salmos conclamam a todos a louvar e a bendizer o Todo-Poderoso: "Louvai ao SENHOR! Louvai a Deus no seu santuário; louvai-o no firmamento do seu poder. Louvai-o pelos seus atos poderosos; louvai-o conforme a excelência da sua grandeza. Louvai-o com o som de trombeta; louvai-o com o saltério e a harpa. Louvai-o com o adufe e a flauta; louvai-o com instrumento de cordas e com flautas. Louvai-o com os címbalos sonoros; louvai-o com címbalos altissonantes. Tudo quanto tem fôlego louve ao SENHOR. Louvai ao SENHOR!" (Sl 150).

Se no Éden, Adão e Eva utilizavam-se de algum tipo de música para enaltecer ao Criador, não o sabemos. Sua pureza já não seria uma inexcedível melodia? Também não sabemos se os patriarcas entoavam algum hino em suas devoções. O primeiro salmo encontrado na Bíblia foi o cântico de Miriam. Celebrando a travessia de Israel pelo Mar Vermelho, apoderou-se ela de seu tamborim e, juntamente com as outras hebréias, cantava e dançava engrandecendo a Jeová (Ex 15.20,21). Séculos depois, os levitas, já formalmente separados para o serviço de Deus, passaram a cuidar não apenas do altar como também da música em Israel. Davi organizou-os em turnos, a fim de que viessem eles a se dedicar integralmente ao ministério da música (I Cr 25).

No Novo Testamento, a presença da música também é forte. No primeiro natal, anjos apareceram nas regiões celestes, celebrando a Deus pela vinda do Salvador (Lc 2.13). Jesus, na noite de sua paixão, cantou um hino antes de encaminhar-se à agonia final (Mt 26.30). Encarcerados, Paulo e Silas louvaram a Deus até que as portas da prisão foram abertas (At 16.25). A liturgia da Igreja Cristã tem a música como elemento imprescindível: "A palavra de Cristo habite em vós abundantemente, em toda a sabedoria, ensinando-vos e admoestando-vos uns aos outros, com salmos, hinos e cânticos espirituais; cantando ao Senhor com graça em vosso coração" (Cl 3.16).

b) *Ajudar na pregação do Evangelho.* C. P. Bach afirmou que "um dos mais nobres objetivos da música sacra é a divulgação do evangelho e a salvação da alma humana". Os hinos que Paulo e

Silas cantavam na prisão promoveram certamente a divulgação da Palavra de Deus em Filipos. Desde aqueles dias, vem a Igreja pregando o Evangelho através de seus cânticos e hinos. O que dizer dos mártires que, conduzidos às arenas para serem executados como malfeitores, ainda achavam forças para bendizer o Cordeiro de Deus? O som daquelas melodias não se perdeu no vazio; levou milhares de pagãos à fé evangélica. Martinho Lutero, John Wesley, Dwigth L. Moody, Daniel Berg e Gunnar Vingren utilizaram-se do enlevo e da força da música por Deus ungida para conduzir multidões aos pés de Cristo.

c) *A Música como consolo e recreação da alma.* Aos cristãos primitivos, recomenda Tiago: "Está alguém entre vós aflito? Ore. Está alguém contente? Cante louvores" (Tg 5.13). A música foi-nos dada pelo Senhor para nos confortar e recrear a alma (Ec 2.8). Neste ponto, a pergunta faz-se inevitável: "Há algum inconveniente em se ouvir músicas populares ou folclóricas?" Se a pergunta é inevitável, a resposta é óbvia: A verdadeira música sacra é de tal forma excelente, que tanto nos conforta quanto nos recreia o espírito. Como diria Martinho Lutero: "A música é o melhor refrigério para um desconsolado; por sua causa o coração serena, reconforta-se e renova-se".

A música sacra, executada sob a unção do Espírito Santo, expulsa os demônios (1Sm 16.16), inspira profecias (2 Rs 3.15,16) abre as portas da prisão (At 16.25-31) e propicia vitória nas batalhas (2 Cr 20.19-24).

4. A necessidade da educação musical

A música sacra não é um mero aparato litúrgico; é indispensável ao culto e imprescindível ao consolo da alma. Por isso, deve a

Educação Cristã fazer dos fiéis uma comunidade de adoradores. É claro que nem todos estes terão a capacidade dos levitas que, no Santo Templo, ressaltavam-se sublimemente na arte musical. Assim como há pregadores leigos, também há cantores leigos. Todavia, os que louvam a Deus devem fazer o melhor, porque Ele merece toda a glória e toda a honra. Além disso, a música, quando bem conduzida e colocada à disposição do serviço divino, pode direcionar o comportamento de toda uma geração, conforme disse André Fletchner: "Dai-me o direito de compor as canções de uma nação, e eu não me preocuparei com quem faz as suas leis".

A música é indispensável à Igreja. No entanto, não é a parte mais importante do culto; jamais poderá substituir a exposição da Palavra de Deus. Apesar de Lutero haver dito estar a música acima da teologia, ela jamais poderá roubar o espaço da doutrina. Em algumas igrejas, desventuradamente, a pregação já é coisa do passado; todo o tempo de seus cultos é tomado por shows e outros espetáculos deploráveis. Como Deus haverá de ser adorado nessas reuniões? (Jo 4.23,24). Depois, sem qualquer pejo, reservam minguados 15 minutos à exposição da Palavra. O resultado não poderia ser mais desastroso; estamos criando uma geração de novos crentes sem suporte na Palavra de Deus.

Quanto àqueles que julgam a música mais importante do que a Palavra de Deus, deveriam saber que, no princípio, era a Palavra (Jo 1.1). E que a Palavra jamais deixará de existir. Não posso entender como alguns músicos, metidos a teólogos, lograram concluir que, com o arrebatamento da Igreja, a Palavra simplesmente deixará de existir, a fim de que a música seja tudo em todos. É claro que os céus são um lugar de louvor e enaltecimento ao Todo-Poderoso. Entretanto, a Palavra de Deus, que é o Senhor Jesus Cristo, haverá de subsistir pelos séculos dos séculos.

Conclusão

Estes, por conseguinte, são os departamentos da Educação Cristã: a Escola Dominical, a Escola de Formação de Obreiros, a Escola de Formação de Missionários e a Escola de Formação Musical. Se a igreja levar avante seu projeto de educação, não há dúvida de que ela haverá de cumprir totalmente as cláusulas da Grande Comissão que nos deixou o Senhor Jesus. Para que isso venha a ocorrer, é indispensável que elaboremos um programa educacional, cujas metas sejam atingidas integralmente e o mais depressa possível.

QUESTIONÁRIO

1. Quais os objetivos formais da Educação Cristã?
2. O que é a Escola Dominical?
3. Quais os objetivos da Escola Dominical?
4. O que é a Escola de Formação de Obreiros?
5. Quais os objetivos da Escola de Formação de Obreiros?
6. O que é a Escola de Formação Musical?
7. Quais os objetivos da Escola de Formação Musical?

5

A Legitimidade da Educação Cristã

Sumário

Introdução

Avançando em nossas reflexões, buscaremos responder algumas perguntas que vêm desafiando tanto a Filosofia quanto a Teologia: Pode o homem interferir na formação espiritual, moral e intelectual de seu semelhante? Não representaria isso uma intromissão em sua cultura e modo de ser? Temos nós o direito de promover a educação do próximo? Somos suficientemente instruídos para direcionar o comportamento dos que nos rodeiam?

À luz das Sagradas Escrituras, a Igreja não somente pode como deve conduzir a humanidade no conhecimento de Deus. Como, porém, justificar essa propositura? É o que procuraremos fazer tendo como base a Bíblia Sagrada. Haveremos de constatar quão legítimas são as bases da Educação Cristã. Não obstante os ataques que vem ela sofrendo de vários setores da intelectualidade rançosa e irresponsável, ninguém poderá contestar sua influência sanadora e espiritualmente revolucionária na vida do país e em cada uma de nossas instituições. O Ocidente tem uma dívida irresgatável para com o Cristianismo.

I. O que É a Legitimidade da Educação Cristã

Os missionários evangélicos que se dedicam às populações autóctones brasileiras são alvo de acérrimas e injustificadas críticas por parte de antropólogos, sociólogos e educadores seculares que, na defesa de uma suposta intocabilidade das culturas primitivas, afirmam que os povos tidos como civilizados não têm direito de interferir nas culturas aborígines.

Delimitar o assunto não é fácil; as fronteiras entre a legítima tarefa evangelizadora e a colonização cultural são tênues o bastante para suscitar as mais ingênuas e descabidas suspeições. Não sabendo divisá-las com precisão, os pretensos humanistas generalizam-nas, condenando com veemência as agências missionárias evangélicas e, não raro, absolvendo os que, sutilmente, vêm destruindo nossos índios.

Os tais críticos, apesar de toda a sua arrogância e insolência, não passam de meros satélites culturais. O que ouvem lá fora, repetem-no aqui dentro; o que vem do exterior, interiorizam eles como se fosse a última das verdades. E, assim, sem o perceberem, vão eles destruindo, não somente as culturas nativas como também nossa herança civilizatória em favor de produtos alienígenas mal resolvidos. O que dizer de certas *ong's* que, egressas do primeiro mundo, tiram ao terceiro tudo o que podem? Que esses intelectuais façam uma autocrítica antes de assestarem suas armas contra os missionários evangélicos que, além de levar a mensagem de Cristo aos povos mais alongados, preservam-lhes as línguas através de primorosas versões das Sagradas Escrituras. Quantos desses altivos "protetores" dos povos índios já se puseram a estudar o idioma de uma tribo ameríndia metida na vastidão do Amazonas? Idioma esse, aliás, falado por cem ou duzentas pessoas.

Apesar do que vimos argumentando, a pergunta persiste: O que é a legitimidade da Educação Cristã? Ela realmente existe ou não passa de uma mera suposição?

1. O que é legitimidade

Juridicamente, é o estado ou qualidade do que é legítimo. Diz-se daquilo que é fundado no direito ou na razão; o que é válido perante a lei; o que é verdadeiro.

De conformidade com essa definição, como aferir a legitimidade de uma ciência como a Educação Cristã?

2. A legitimidade da Educação Cristã

É a autoridade que esta possui de, fundamentada nas Sagradas Escrituras, evangelizar todas as nações, educando-as no conhecimento divino, a fim de que todos venham a reconhecer a Deus como o Ser Supremo e Único por excelência, e a Jesus Cristo, Seu Unigênito, como o Único e Suficiente Salvador da humanidade.

A legitimidade da Educação Cristã tem como fonte o próprio Deus que, através da Bíblia Sagrada, requer que a sua Igreja se disponha a evangelizar o mundo, e que o mundo se predisponha a ouvir o Evangelho.

II. A Interação Cultural da Humanidade

A premissa dos que se opõem à evangelização transcultural é contraditória por concluir que todo o empreendimento civilizacional, que, em si, já denota um processo educativo, é um atentado contra as culturas autóctones. A evangelização não deve ser vista como uma guerra santa contra as minorias culturais; é um projeto divino que visa preparar o mundo todo para receber o Reino de Deus. Afirmar outra coisa é desconhecer o mecanismo do processo civilizacional. O Evangelho de Cristo não precisa destruir uma cultura para se fazer entendido; é por intermédio desta que Ele é proclamado e universalmente aceito.

Quanto àqueles que se opõem à evangelização dos povos autóctones, deveriam saber que os seres humanos, desde as mais remotas eras, vêm se interagindo culturalmente sem perder suas características básicas.

1. A interação cultural dos povos

A História mostra que todos os povos e civilizações se interagem. Nessa interação, as culturas, ao invés de perderem suas cores e idiossincrasias, adquirem mais brilho e dinamismo. É claro que são condenáveis as civilizações que, à semelhança dos antigos assírios e dos japoneses do início do Século XX, rompem os tecidos culturais dos povos vencidos nos campos de batalha. Sejamos, todavia, ponderados; o processo intercultural não é de todo nocivo. Afinal, a civilização brasileira é produto desse processo que, por seu turno, vai gerando outros processos semelhantes e igualmente dinâmicos, dando origem a novas civilizações. O processo civilizatório não é estático; deste se isentam somente os povos que já desapareceram.

2. O processo de interação cultural

Os sumérios tiveram uma grande ascendência sobre os babilônios e assírios; e, nem por isso, vieram estes a desaparecer; transformaram-se em formidáveis impérios. Os babilônios influenciaram os medos e persas que, por sua vez, levaram sua influência aos gregos que, forçados a entrar em contado com a cosmovisão iraniana, viram-se obrigados a confrontar sua concepção de mundo com a dos adversários, dando à luz um dos maiores pendores da humanidade: a filosofia. Embora derrotados pelos romanos, os gregos induziram os orgulhosos homens do Latium a adotar-lhes o modelo literário e o amor incontido pela arte. De Roma, a cultura grecolatina irradiou-se pelas nações que, hoje, formam a Europa e as Américas.

Uma após outra, foram essas nações educando e sendo educadas. E o Cristianismo, que jamais ignorou a diversidade cultural da humanidade, aproveitando-se desses fluxos e refluxos civilizacionais, espalhou as Boas-Novas do Cristo até aos confins da terra. Como condenar os movimentos civilizacionais? Desde que não contrariem o Direito Natural que nos deixou o Criador e a revelação que nos confiou nas Sagradas Escrituras e em Cristo Jesus, os movimentos civilizacionais são imprescindíveis ao desenvolvimento humano.

Se quisermos entender de que forma Deus trata com as nações, leiamos as seguintes passagens: Dt 2.5,9; 32.8; Is 40.15-17; Am 9.7; At 17.26; Gn 11.8; Ap 11.15; Sl 72.11. Os versículos citados compõem o que chamamos de Teologia da História. Ou seja: o estudo sistemático das verdades bíblicas concernentes a ação de Deus na vida das nações, e sua intervenção na história dos filhos dos homens.

3. A diversidade cultural faz parte do plano divino

Está no plano de Deus que as nações conservem suas particularidades. Ele não as quer, porém, isoladas; isto dificultaria, inclusive, a propagação do Evangelho e a expansão de seu reino. O Deus que não tolera a Torre de Babel é o mesmo que nos leva a contatar os povos que ainda não foram alcançados com a mensagem de Cristo.

A missiologia transcultural ensina-nos que a água da vida é a mesma em todas as culturas e nações; o recipiente, não. Uma chávena inglesa não seria bem vista na Índia; uma cuia indígena haveria de ser recusada num castelo da Inglaterra. No entanto, todos os seres humanos, sem exceção, carecemos da água da vida. O verdadeiro evangelho não busca destruir a cuia nem a chávena; porém, enchê-las da água que o Senhor Jesus oferece gratuitamente a todos os filhos de Adão.

4. O direito de se ouvir o Evangelho

Ordenou Jesus que a Igreja pregasse o Evangelho a toda criatura; todos temos o direito de ouvir as boas-novas de salvação. É justamente esta mensagem, tão depreciada pelos sábios e inquiridores deste século, que tem levado os autóctones de várias partes do mundo (inclusive os povos tidos como civilizados) a abandonarem práticas repulsivas: sacrifícios humanos, exposição de crianças defeituosas à morte, prostituição infantil, espancamento e mutilação genital de mulheres, escravismo etc. Será que as nações devem estar eternamente acorrentadas a tais costumes, a fim de servirem de laboratórios e museus aos intelectuais que, via de regra, jamais conseguem avançar além dos limites da contradição?

Conta-se que, durante a Segunda Guerra Mundial, um fuzileiro naval norte-americano, desgarrando-se de seu pelotão, foi parar numa daquelas retiradas e anônimas aldeias do Pacífico Sul. Ao chegar ao centro do povoado, foi ele recebido pelo chefe que, num inglês capenga e maltratado, disse-lhe alegremente que também era discípulo de Jesus, e lia a Bíblia todos os dias. O soldado, arrogantemente ateu, perguntou ao tribal: "O senhor acredita neste Livro?" O anfitrião respondeu-lhe com firmeza: "Se não fosse este Livro, moço, você seria servido hoje como jantar para a nossa tribo".

Somente o Evangelho pode fazer dos mais indigestos canibais, novas criaturas em Cristo Jesus.

5. A contradição dos intelectuais

Os mesmos intelectuais que acusam os missionários evangélicos de destruir as culturas autóctones, estão ora a defender a internacionalização do comunismo, ora a globalização. Não sabem eles que tanto esta quanto aquela levam ao enfraquecimento da multiplicidade cultural da raça humana? Quando os antigos puseram-se a construir a Torre de Babel com o intuito de impedir o processo da diversidade cultural dos filhos de Adão, o Senhor desceu do céu, e confundiu ali mesmo, em Sinear, a língua da incipiente globalização. Ele os dispersou para as mais distantes regiões do globo. A partir daquele dia, foram estes organizando-se em povos, nações, tribos, línguas e culturas.

Se a evangelização deve ser rejeitada sob a alegação de interferir no *modus vivendi* nativo, todos os outros empreendimentos humanitários têm de ser igualmente rechaçados, porquanto, de uma forma ou de outra, influenciam culturalmente os povos e nações autóctones. Estes, conseqüentemente, não haveriam de receber sequer vacinas contra as epidemias que, de quando em quando, assolam as mais distantes ilhas do planeta. O Evangelho de Cristo, porém, não é um mero empreendimento humanitário; é o remédio eficaz para curar o homem da mais terrível das doenças: o pecado.

III. Como a Bíblia Vê a Educação Cristã do Ser Humano

O que é o homem? Segundo a antropologia, o homem é um indivíduo da espécie animal e que maior grau de complexidade apresenta na escala da evolução. Os filósofos metafísicos vão um pouco mais longe; descrevem-no como um ser dual, composto de corpo e alma, compreendendo as virtudes e fraquezas decorrentes desse estado, inclusive a mortalidade.

Mas o que é realmente o homem? Como a Bíblia Sagrada o define? É imprescindível conhecermos a doutrina bíblica do homem por ser justamente o homem o alvo e a razão de ser da Educação Cristã. Se não entendermos adequadamente a antropologia das Escrituras, jamais poderemos justificar a ação magisterial da Igreja.

1. Definição bíblica do homem

Avançando além dos limites da antropologia meramente humana, a Bíblia descreve o homem como um ser dotado de corpo e alma, não animal, criado por Deus segundo à sua imagem e conforme à sua semelhança (Gn 1.26). Embora criado um pouco menor do que os anjos, é o reflexo da glória de seu Criador (Sl 8.5).

2. O homem foi criado por Deus

A Bíblia é bastante clara quanto à criação do ser humano. Não apareceu este no mundo como fruto de um processo evolucionário, nem por um mero acaso. A antropologia bíblica é criacionista e monogenista. Deus criou Adão e, da costela deste, fez-lhe a esposa, Eva; destes vieram todas as demais famílias humanas.

a) *O criacionismo.* É a doutrina segundo a qual Deus criou os céus, a terra e o ser humano. O criacionismo opõe-se radicalmente ao evolucionismo. A Bíblia não deixa quaisquer dúvidas; Deus criou o homem do pó da terra e, para isto, não precisou de qualquer subterfúgio evolucionista como querem alguns teólogos modernistas, incrédulos e iconoclastas, que forçam uma harmonia impossível entre a Bíblia e Charles Darwin. A criação do homem foi um ato imediato de Deus.

Atentemos à narrativa do Gênesis: "E disse Deus: Façamos o homem à nossa imagem, conforme a nossa semelhança; e domine sobre os peixes do mar, e sobre as aves dos céus, e sobre o gado, e sobre toda a terra, e sobre todo réptil que se move sobre a terra. E criou Deus o homem à sua imagem; à imagem de Deus o criou; macho e fêmea os criou. E Deus os abençoou e Deus lhes disse: Frutificai, e multiplicai-vos, e enchei a terra, e sujeitai-a; e dominai sobre os peixes do mar, e sobre as aves dos céus, e sobre todo o animal que se move sobre a terra" (Gn 1.26-28).

b) *O monogenismo.* Eis outro grande pilar da antropologia bíblica. De acordo com o evolucionismo, a humanidade é originária de vários troncos genéticos. Aproveitando-se de tal extravagância, os racistas procuram enfatizar suas teorias segregacionistas, justificando de forma anticientífica os desníveis culturais entre os povos. Eles se esquecem, no entanto, de que os povos hoje tidos como superiores foram, outrora, bárbaros; e estes, na aurora da civilização, dominavam as ciências, as artes e as mais complexas tecnologias. De conformidade com a Bíblia Sagrada, não há povos superiores nem inferiores; há povos que seguem a Deus e povos que o ignoram; há povos disciplinados e povos que dissipam todos os bens com suas vaidades e devassidões; há povos bem governados e povos mal administrados; há povos que têm na Bíblia o seu livro de texto, e há povos que, simplesmente, desprezam a Palavra de Deus. O monogenismo, por conseguinte, é a doutrina segundo a qual Deus, de um só tronco genético, Adão e Eva, fez toda a humanidade. A Bíblia é bastante categórica a este respeito: "E de um só fez toda a geração dos homens para habitar sobre toda a face da terra, determinando os tempos já dantes ordenados e os limites da sua habitação" (At 17.26). Eis porque, com a queda do primeiro casal, todos fomos destituídos da graça de Deus.

3. A queda do homem

De conformidade com a Bíblia, o homem foi criado em estado de perfeição e graça. Ele, porém, abusando de seu livre-arbítrio, pôs-se como presa do pecado: "E, vendo a mulher que aquela árvore era boa para se comer, e agradável aos olhos, e árvore desejável para dar entendimento, tomou do seu fruto, e comeu, e deu também a seu marido, e ele comeu com ela. Então, foram abertos os olhos de ambos, e conheceram que estavam nus; e coseram folhas de figueira, e fizeram para si aventais" (Gn 3.6,7).

Em Adão e Eva, todos pecamos: "Porque todos pecaram e destituídos estão da glória de Deus" (Rm 3.23; 1Co 15.22). Desde então, o ser humano começou a involuir. Enganam-se, pois, aqueles que, à semelhança de Darwin, argumentam ter havido uma evolução natural da "espécie" humana. Não houve evolução; houve involução: o homem, já expulso do Éden, pôs-se a praticar todas as torpezas; tornou-se em extremo corrupto. Também não houve uma queda para o alto como, jocosamente, dizem alguns antropólogos. Foi uma queda para baixo! À primeira vista, a corrupção do ser humano parece irremediável.

4. A extrema corrupção do ser humano

A queda lançou o ser humano numa corrupção tão extrema que, em certas ocasiões, o projeto divino, concernente ao homem, parecia destinado ao fracasso. Haja vista o dilúvio. Passados mais de dois mil anos desde a criação, o Senhor manifesta sua profunda insatisfação com o ser humano: "E viu o SENHOR que a maldade do homem se multiplicara sobre a terra e que toda imaginação dos pensamentos de seu coração era só má continuamente. Então, arrependeu-se o SENHOR de haver feito o homem sobre a terra, e pesou-lhe em seu coração. E disse o SENHOR: Destruirei, de sobre a face da terra, o homem que criei, desde o homem até ao animal, até ao réptil e até à ave dos céus; porque me arrependo de os haver feito" (Gn 6.5-8).

Apostatando-se dos princípios que lhes passara Adão e Sete, os seres humanos afastaram-se premeditadamente de Deus, cometendo os mais impensáveis excessos. Toda a terra, diz o texto sagrado, achava-se cheia de violência. E as aberrações sexuais? E as blasfêmias contra o Todo-Poderoso? Vivêssemos naquele tempo, diríamos estar possessa toda a descendência de Adão e Eva. Já imaginou um planeta todo habitado por endemoninhados como aquele gadareno da narrativa evangélica? (Mc 5.1-16).

O único meio que Deus encontrou para sanear a terra de toda aquela extremada corrupção foi destruir a linhagem humana através de um dilúvio universal. O projeto divino, porém, é salvo por um detalhe que o inimigo de nossas almas certamente subestimou: a graça de Deus. Em meio àquela nota tão triste e pesarosa, eis que se entreabre o evangelho: "Noé, porém, achou graça aos olhos do SENHOR" (Gn 6:8). E, assim, Deus, através de Noé, preservou toda a linhagem de Adão e Eva.

5. O homem pode ser alcançado pela graça divina

Laboram em grave erro os que defendem a corrupção absoluta do ser humano. A Palavra de Deus mostra que o homem, apesar de todos os seus pecados, pode ser alcançado pela graça. Só precisamos de uma coisa: abrir o coração, a fim de que o Espírito Santo nos convença do pecado, do juízo e da justiça (Jo 16.8).

Segundo os ultracalvinistas, nenhum ser humano é capaz de receber o Evangelho de Cristo, a menos que seja alcançado pela graça irresistível de Deus. Nota-se, nesse postulado teológico, que a agência do livre-arbítrio é simplesmente nulificada, e o homem, por seu turno, transforma-se num mero autômato diante das grandes decisões da vida. É o que apregoam aqueles que, sendo mais calvinistas que o próprio Calvino, distorcem o Evangelho. O oferecimento da graça divina vem sempre precedido de termos condicionais: "quem crer e for batizado será salvo".

Conclui-se, pois, que o pecado, apesar de todas as suas cruéis e implacáveis conseqüências, não conseguiu destruir, no homem, sua capacidade de aceitar o Plano de Salvação; pois a fé vem pelo ouvir, e o ouvir pela Palavra de Deus (Rm 10.17).

6. A educabilidade do ser humano

Se o homem pode aceitar o Evangelho de Cristo, pode também ser concitado a seguir com zelo os mandamentos de Nosso Senhor. Por conseguinte: pode o homem ser educado na Palavra de Deus. E se ele pode ser educado, por que lhe negar tão grande privilégio?

Na Grande Comissão, que também pode ser considerada o Mandato Educacional da Igreja, ordena-nos o Senhor Jesus a evangelizar e a educar todos os seres humanos no caminho da salvação: "Portanto, ide, ensinai todas as nações, batizando-as em nome do Pai, e do Filho, e do Espírito Santo; ensinando-as a guardar todas as coisas que eu vos tenho mandado; e eis que eu estou convosco todos os dias, até à consumação dos séculos. Amém!"(Mt 28.19). Nesta versão da Grande Comissão, os apóstolos são chamados a atuarem em primeiro lugar como ensinadores e, depois, como evangelizadores. O Senhor Jesus usa por duas vezes o verbo ensinar. A primeira no imperativo: "ensinai todas as nações"; a segunda, no gerúndio, com o mesmo império e força da anterior.

O que isto significa? Que o ser humano, não obstante haver se corrompido, pode e deve ser educado na Palavra de Deus, tornando-se agradável ao Criador. É com base nesta premissa que a Educação Cristã desenvolve todo o seu trabalho, quer ensinando os incrédulos a buscarem a Deus por intermédio de Cristo, quer educando a Igreja a glorificar a Cristo e a expandir o Reino de Deus. Esta tarefa foi plenamente compreendida pelos apóstolos de Nosso Senhor.

Paulo insta os santos a desempenharem o Mandato Educacional da Igreja: "Regozijo-me, agora, no que padeço por vós e na minha carne cumpro o resto das aflições de Cristo, pelo seu corpo, que é a igreja; da qual eu estou feito ministro segundo a dispensação de Deus, que me foi concedida para convosco, para cumprir a palavra de Deus: o mistério que esteve oculto desde todos os séculos e em todas as gerações e que, agora, foi manifesto aos seus santos; aos quais Deus quis fazer conhecer quais são as riquezas da glória deste mistério entre os gentios, que é Cristo em vós, esperança da glória; a quem anunciamos, admoestando a todo homem e ensinando a todo homem em toda a sabedoria; para que apresentemos todo homem perfeito em Jesus Cristo; e para isto também trabalho, combatendo segundo a sua eficácia, que opera em mim poderosamente" (Cl 1.24-28).

É interessante observar que o livro de Atos dos Apóstolos é encerrado com o magistério eclesiástico em sua plenitude: "E Paulo ficou dois anos inteiros na sua própria habitação que alugara e recebia todos quantos vinham vê-lo, pregando o Reino de Deus e ensinando com toda a liberdade as coisas pertencentes ao Senhor Jesus Cristo, sem impedimento algum" (At 28.30,31). Nesta passagem, os judeus e romanos, embora houvessem aprisionado o evangelista, não conseguiram calar o ensinador; de sua prisão, o apóstolo continuava a educar tanto os descrentes como a Igreja de Cristo.

Exercida na unção do Espírito Santo, nada pode deter o avanço da Educação Cristã.

Conclusão

A Educação Cristã é uma ciência legítima. Não lhe advém sua legitimidade da filosofia ou de qualquer autoridade humana; advém-lhe da Palavra de Deus, que nos insta a pregar o Evangelho de Cristo a toda a criatura até aos confins da terra.

Não devemos nos acovardar ante os sábios deste mundo que, em seus discursos, mostram uma piedade que não possuem; exibem uma preocupação humanitária que eles mesmos desconhecem; ostentam uma universalidade de conhecimento que, na verdade, não passa de um amontoado de sofismas e de preconceitos bairristas.

Se eles não têm a resposta para os grandes problemas humanos, a Bíblia a possui. O Evangelho não é monopólio dos povos civilizados; é um legado de Deus para toda a humanidade. Nenhum povo haverá de ser privado deste benefício. Tanto os povos do Primeiro e do Terceiro Mundo quando as nações e tribos primitivas que vivem nos mais distantes arquipélagos da Oceânia, precisam de Cristo, pois o mundo todo jaz no maligno.

A Igreja de Cristo jamais deixará de ser a agência educadora do Reino de Deus.

QUESTIONÁRIO

1. O que é legitimidade?
2. A educação, de forma geral, é legítima? Discorra sobre o assunto.
3. O que é a legitimidade da Educação Cristã?
4. Como a Bíblia vê e define o homem?
5. O que é o criacionismo e o monogenismo?
6. O que a Bíblia diz sobre a educação do ser humano?
7. O que escreveu Paulo sobre a educação do ser humano?
8. Por que o ser humano precisa ser educado?
9. A corrupção do ser humano tornou-o avesso à educação?
10. O que alegam alguns intelectuais seculares sobre a evangelização dos povos autóctones?

6

Os Deveres Magisteriais da Educação Cristã

Sumário

Introdução

No âmbito da Educação Cristã, necessidade não é uma simples carência; é algo que transcende as cogitações humanas. Foi o que o Senhor Jesus quis dizer à samaritana ao oferecer-lhe da água da vida. A mulher, eivada de um utilitarismo tão encontradiço nas donas de casa, que sempre buscam livrar-se das tarefas enfadonhas, queria da água da vida para não ter de se afadigar junto à fonte de Jacó. Todavia, o Mestre dos mestres, aproveitando-se daquele incidente tão comezinho, ensinou àquela mulher que a sua maior necessidade não era física, e, sim, espiritual. Educando a pobre samaritana, pôde o Senhor Jesus evangelizar toda aquela região, deixando abertas as portas para o avivamento espiritual que se seguiria (Jo 4.28-30; 39-42).

O Senhor Jesus, como o pedagogo por excelência, sabia como realçar as necessidades humanas. Aliás, Ele não somente as realçava como também as satisfazia plenamente. Paul E. Holdcraft, discorrendo sobre as carências do mundo moderno, afirmou: "A necessidade de hoje: um Cristo imutável para um mundo em sucessivas mudanças".

Educadores cristãos, temos uma grande e intransferível responsabilidade: suprir plenamente as necessidades espirituais daqueles que nos rodeiam. A ordem do Mestre dos mestres não perdeu a urgência: "Dai-lhes vós de comer". Por conseguinte, temos de conduzir a Cristo os que ainda não são Igreja; ensinar a Igreja a posicionar-se como Igreja; e influenciar a sociedade, através da Igreja, a agir de modo justo, solidário e ético. Embora difícil, esta é a tarefa que nos confiou o Senhor Jesus. Ninguém mais poderá executá-la a não ser os que dEle receberam o Mandato Educacional. Além disso, como nos acomodar diante de tantas necessidades?

I. O que É Necessidade

O étimo da palavra necessidade é bastante interessante. Formada por dois vocábulos latinos: *ne*, não e *cedo*, ceder, significa literalmente não ceder. A necessidade pode ser definida como algo intenso e que demanda plena satisfação.

Entre as necessidades mais ingentes do ser humano estão as espirituais, morais, afetivas, sociais e físicas. Não podemos prescindir do pão, da água, da compreensão de nossos semelhantes, da aceitação social e, principalmente, daquela comunhão tão doce que nossos pais desfrutavam com o Criador no Jardim do Éden.

O objetivo da Educação Cristã, por conseguinte, é atender as necessidades espirituais e pedagógicas do ser humano, a fim de que este seja perfeito diante de Deus e de seus semelhantes. Não haveremos de nos esquecer também das carências da Igreja de Cristo.

II. A Necessidade Espiritual do Ser Humano

Tentado em pleno deserto da Judéia, depois de um jejum de quarenta dias, o Senhor Jesus declinou ao adversário qual a maior necessidade humana: "Nem só de pão viverá o homem, mas de toda a palavra que sai da boca de Deus" (Mt 4.4). O que diriam os existencialistas da resposta do Cristo? Certamente haveriam de se escandalizar, pois, segundo apregoam, só tem valor o aqui e o agora. Todavia, a maior necessidade do ser humano, inclusive a dos existencialistas, não é o aqui e o agora: é o eterno; não é o físico: é o espiritual.

Em suas *Confissões,* Agostinho reconhece: "Senhor, tu nos fizeste, e de ti somos. E a nossa alma só achará descanso, quando em ti repousar". A carência espiritual do grande doutor da igreja é comum a todos os homens, inclusive daqueles que se fazem inimigos de Deus. Nem os mesmos ateus podem ignorar o imenso vazio da alma humana; um vazio que, conforme reconhece um filósofo, é do tamanho do próprio Deus. Mas como preenchê-lo? Jesus tem a resposta: "Vinde a mim, todos os que estais cansados e oprimidos, e eu vos aliviarei" (Mt 11.28). Quem mais poderia oferecer uma solução tão radical ao problema da solidão cósmica do homem? A filosofia? A religião? Ou a educação?

1. A inutilidade da filosofia

No Areópago de Atenas, o apóstolo Paulo foi obrigado a defrontar-se com os epicureus e estóicos que, não obstante exaustivas perquirições, nada puderam fazer quanto às necessidades espirituais daquela audiência confusa, ainda que seleta (At 17.5-34). O doutor dos gentios, contudo, já intimado pelos filósofos a explicar as proposituras de seu discurso, descortina-lhes uma doutrina tão sublime, e de tal forma perfeita, que sequer fora cogitada pela decantada tríade da filosofia grega. Sócrates, através da maiêutica, propunha dar o espírito à luz; todavia, somente Cristo pode levar o homem ao novo nascimento. Platão falava do mundo ideal, inalcançável pelos mortais; entretanto, só Jesus é capaz de prometer ao exausto viajor: "Vou preparar-vos lugar". E Aristóteles, apesar das excelências de suas idéias, descreveu inumeráveis círculos viciosos com o seu método peripatético; o Senhor Jesus, porém, ousou asseverar: "Quem me segue não andará em trevas".

Jesus não foi um mero filósofo; é a própria sabedoria (Cl 2.3; I Co 1.24,30). Todos os tesouros do conhecimento acham-se nEle escondidos. O que os sábios deste mundo não lograram alcançar, oferece-nos Ele gratuitamente: "Graças te dou, ó Pai, Senhor do céu e da terra, que ocultaste estas coisas aos sábios e instruídos e as revelaste aos pequeninos" (Mt 11.5). A filosofia jamais dessedentou a alma humana, nem jamais saciou o peregrino que, no deserto da existência, anda à procura daquele manancial que o Senhor mostrou à escrava Hagar.

Somente Jesus teve condições de se erguer como o Mestre dos mestres. Alguém chegou a descrevê-lo como o pedagogo por excelência da raça humana. Acredito, porém, não termos encontrado ainda a palavra exata para definir esta faceta tão sublimada do Senhor. Mestre? Pedagogo? Didata? Não apenas Mestre; é a razão de todo o ensino. Não somente pedagogo e didata; é a mesma educação e a mais perfeita maneira de ensinar. Durante toda a sua trajetória terrena, outra coisa não fez senão educar os filhos de Adão (Mt 26.55; Mc 14.49; Jo 18.20). Sim, o Novo Testamento biografa Jesus antes de tudo ensinando (Mt 4.23; 9.35). Profeta: educou-nos, advertindo-nos sobre a chegada do Reino de Deus. Sacerdote: educou-nos, fazendo o bem e intercedendo diante de Deus pelos israelitas, pelos gentios e pela Igreja. Rei: educou-nos, humilhando-se como servo; e, como o serviçal dos serviçais, deu-nos um exemplo de elevadíssimos préstimos até à última hora. Deus: educou-nos, fazendo-se o mais desprezível dos homens, porquanto sobre si levou-nos as iniqüidades todas.

O Senhor Jesus não nos educou apenas com palavras; através de suas obras, instruiu-nos. Não nos conduziu somente por meio de parábolas e símiles; por intermédio do próprio exemplo, conduziu-nos a Deus (At 1.1). Não nos formou utilizando-se unicamente de sermões e discursos; mostrou-nos eloqüência também em serviços e trabalhos. Não nos abriu a mente só com a sua doutrina que, em si, já é mais que suficiente para transformar o mundo; revelou-nos, de igual modo, a sabedoria de seus poderosos feitos.

Jesus veio a este mundo para servir; eficazmente, serviu-o como pedagogo. Daqueles inexpressivos galileus, fez o seu colégio apostólico que, em sucessivas ondas, foi multiplicando evangelistas e discipuladores. E, agora, revestindo-os com o poder do Espírito Santo, envia-os a educar a humanidade na Palavra de Deus. E eles, pondo-se a cumprir os itens da Grande Comissão, mostraram na prática ser possível atender plenamente à necessidade espiritual do ser humano.

Que filósofo pode ser comparado ao Senhor Jesus? Tales nem sábio se julgava; declarava-se um simples amigo da sabedoria, e na ignorância morreu. Sócrates confessou nada saber, embora tudo houvesse inquirido. Diógenes, com a sua lanterna, saía a procurar, em plena luz do dia, alguém que falasse a verdade, e descobriu a grande mentira que vivia. Nietzsche criou o super-homem, proclamou a morte de Deus, mas acabou seus dias num hospício. Charles Darwin defendeu ser o homem um mero produto da evolução, e com isto involuiu até Adão em quem todos pecamos contra o Único e Verdadeiro Deus. Darwin, no leito de morte, voltou-se para a Bíblia, e repugnou seus escritos evolucionistas. Em seus últimos momentos, confessou: "Eu fui um jovem possuído por idéias mal-formadas, precipitadas, subdesenvolvidas, que o povo transformou numa religião".

Jesus não educou o homem na filosofia; educou-o no conhecimento de Deus, porque somente Ele sabe todas as coisas; apenas Ele pode arrancar o homem às trevas e conduzi-lo à verdade; só Ele faz do homem velho uma nova criatura; tão-somente Ele pode evoluir o homem até que este venha a alcançar a estatura de perfeito varão. A morte de Cristo foi na verdade decretada, mas a sua ressurreição foi declarada na terra, no céu e no inferno. Este é o nosso pedagogo; atende-nos perfeitamente as necessidades espirituais.

2. A inutilidade da religião

Em seu discurso no Areópago, declarou Paulo aos filósofos ali reunidos que, apesar do culto que rendiam à lógica, eram na verdade sedentos pelas coisas do espírito: "Senhores atenienses! Em tudo vos vejo acentuadamente religiosos" (At 17.22). Noutra versão da Bíblia, os atenienses são chamados de supersticiosos. Que paradoxo! Os que se diziam servos da lógica, deixavam-se arrastar pela superstição; os que presumiam intelectuais eram tão religiosos como os demais homens.

Em razão de sua tendência a deificar as coisas que desconhece, o homem deveria ser conhecido pela antropologia não como *homo sapiens*, e, sim, como *homo religiosus*. Afinal, que ser humano pode viver sem cogitar do sobrenatural? Os positivistas? Têm eles o seu sistema religioso, embora desprezem as coisas do espírito. Os materialistas? Fazem eles da matéria o seu deus. Os comunistas que dizem ser a religião o ópio do povo? Eles se viciam com o Estado que, para eles, é mais que uma religião; é um deus que exige continuadas oferendas. Os existencialistas? Eles fazem do aqui e agora o seu deus, desconhecendo a eternidade que Deus nos colocou na alma.

A única religião que pode atender plenamente aos anseios humanos é a revelada por Deus nas Sagradas Escrituras. As outras visam apenas à glorificação da criatura em detrimento do Criador. A religião humana vê espíritos em tudo; não consegue, porém, enxergar a carência da alma. Venera o sol; entretanto, anda às apalpadelas como se estivera na mais negra das noites. Apregoa a reencarnação; todavia não aceita o milagre do novo nascimento, que transforma o perdido pecador numa nova criatura em Cristo. Honra os totens; contudo não logra melhorar a condição moral da sociedade.

A religião humana, não obstante adorar muitos deuses, não logra um único consolo. Apesar de seus muitos fundadores, ignora o fundamento de tudo. Embora tenha muitos altares, desconhece o único sacrifício capaz de conduzir o homem a Deus. Ela preceitua, mas não muda; sacrifica, porém não redime; tem um credo, contudo não faz brotar a fé; tem incontáveis regras e observâncias, no entanto é incapaz de levar alguém à santidade; recomenda peregrinações, entretanto não pode apontar o caminho para o céu. Enfim, ela não consegue educar o homem segundo o plano divino.

Em Atenas, o apóstolo Paulo observou que os gregos procuravam a Deus, mas não sabiam como achá-lo. Até um altar ao Todo-Poderoso haviam eles erguido, e no frontispício daquele nicho escreveram: "Ao Deus Desconhecido". Como grande pedagogo que era, o apóstolo levou-os a verem, naquele altar, a realidade do Deus Único e Verdadeiro. Esta é a função da Educação Cristã: tornar Deus conhecido a todos os povos. Se o Cristianismo não o fizer, através de seu magistério, nenhuma outra religião poderá efetuá-lo, pois o único caminho para Deus é Jesus.

3. A inutilidade da educação secular

Certa vez, o evangelista Billy Graham visitava uma universidade americana, quando perguntou ao seu reitor: "Qual o maior problema que o senhor enfrenta aqui?" O educador, com olhar pesaroso, respondeu gravemente: "O vazio". Embora todos ali recebessem um ensino de excelência, mobiliando suas mentes com o que havia de melhor na cultura universal, suas almas eram um enorme vazio.

Se a educação tradicional, com um currículo que inclui moral e civismo, não é capaz de melhorar o homem interiormente, como encarar a moral relativista e o descompromisso com os valores absolutos da vida, que as crianças vêm recebendo nas escolas? Raros os mestres que ainda se preocupam com as noções do certo e do errado. A maioria, presa a uma filosofia permissiva, repassam aos alunos a noção de que o homem, e não Deus, é a medida de todas as coisas. E, com isso, vão alijando dos currículos e dos livros de texto as noções mais elementares acerca do Criador e das leis por Ele estabelecidas.

Como entregar o destino eterno de nossas crianças a esse tipo de educação? Como confiar-lhe o futuro de nossos jovens? Aliás, nenhum tipo de educação, por mais nobre e elevado, poderá substituir a Palavra de Deus. Se a educação informa, a Palavra de Deus transforma; se a educação melhora o intelecto, a Palavra de Deus aperfeiçoa a alma; se a educação faz o homem de bem, a Palavra de Deus cria o santo; se a educação ensina a respeitar o próximo, a Palavra de Deus induz a amá-lo.

A educação, para ser eficiente, tem de contemplar o homem por inteiro, porquanto este não é apenas intelecto; é corpo, alma e espírito. Parece que o pensador francês Montaigne entendeu perfeitamente a tarefa da educação: "Não é uma alma que se forma nem um corpo; é um homem; não se deve separá-lo". Assim a educação na Palavra de Deus. Todos os que nela foram criados, tiveram um crescimento harmonioso. Samuel crescia diante de Jeová, obtendo um desenvolvimento bem superior aos dos meninos de sua idade (I Sm 2.21). De João Batista, o evangelista Lucas dá este testemunho: "E o menino crescia, e se robustecia em espírito, e esteve nos desertos até ao dia em que havia de mostrar-se a Israel" (Lc 1.80). E o que dizer do Senhor Jesus Cristo? Verbo feito carne, experimentou o mais perfeito e harmônico crescimento: "E crescia Jesus em sabedoria, e em estatura, e em graça para com Deus e os homens" (Lc 2.52).

A educação secular está destinada ao fracasso por não reconhecer os princípios que nos legaram os profetas do Antigo Testamento e os apóstolos de Nosso Senhor. Após analisar detidamente o comportamento humano, Sigmund Freud deixou aos mestres e pedagogos de seu tempo uma nota de profundo desalento: "Eduque-o como quiser; de qualquer maneira há de educá-lo mal". A Educação Cristã, porém, é otimista. Confiados nas promessas divinas, sabemos que o objetivo do programa educacional de Deus não é apenas melhorar o homem; é levá-lo à perfeição (2 Tm 3.16,17).

III. A Necessidade da Igreja

O magistério da Igreja não se destina apenas à educação do mundo; tem ele como função também educar a própria Igreja. O apóstolo Paulo, por exemplo, primeiro educava os gentios, proclamando-lhes o Evangelho de Cristo. Estando estes já constituídos em igrejas, dedicava-se a instruí-los, visando transformá-los em autênticos discípulos do Senhor. Tem a ação pedagógica de Paulo dois momentos bastante especiais. Em Atos, vemo-lo como o doutor dos gentios; em suas epístolas, como o pedagogo da Igreja. Em ambos os ofícios, alcançou o apóstolo a excelência.

Vejamos um caso bem particular da ação pedagógica de Paulo. Éfeso é um exemplo perfeito. No início, a evangelização e o discipulado. Formada a igreja, pôs-se o apóstolo a edificá-la na Palavra de Deus. No capítulo quatro da epístola que lhe endereça, o apóstolo discorre acerca dos vários ministérios que o Senhor estabelecera, e que poderosamente atuavam nessa congregação: "E ele mesmo deu uns para apóstolos, e outros para profetas, e outros para evangelistas, e outros para pastores e doutores, querendo o aperfeiçoamento dos santos, para a obra do ministério, para edificação do corpo de Cristo, até que todos cheguemos à unidade da fé e ao conhecimento do Filho de Deus, a varão perfeito, à medida da estatura completa de Cristo, para que não sejamos mais meninos inconstantes, levados em roda por todo vento de doutrina, pelo engano dos homens que, com astúcia, enganam fraudulosamente" (Ef 4.11-15).

A igreja em Éfeso achava-se tão bem fundamentada na Palavra; estava de tal forma convicta de sua vocação; encontrava-se de tal modo ligada em Cristo, que Paulo, ao escrever-lhe a epístola, disse estarem os seus membros assentados nas regiões celestiais em Cristo Jesus (Ef 1.3). Mais tarde, no Apocalipse, apesar de censurada pelo Senhor por haver abandonado o primeiro amor, mantinha-se aquela igreja em todos os cânones em que fora discipulada, e não se achava disposta a negociar a santíssima fé. Aliás, o próprio Cristo elogiou-a por sua firmeza doutrinária. Éfeso era capaz, inclusive, de aferir a autenticidade dos que se diziam apóstolos.

O que levou Éfeso a alcançar tal excelência? A Educação Cristã relevante. Paulo era um grande educador. Ele mesmo se declara mestre e doutor dos gentios (2 Tm 1.11). Tais prerrogativas eram reconhecidas, inclusive, pelos demais apóstolos (2 Pe 3.15).

O que mais diremos de Paulo como mestre? Ele sabia como detectar e atender as necessidades do povo de Deus. Vivesse nos dias de hoje, quais as necessidades mais prementes que haveria de identificar na vida da Igreja de Cristo? Acredito que o apóstolo mencionaria as seguintes: ela precisa aprender a ser Igreja; necessita aprender a posicionar-se como Igreja; carece aprender a gerar igrejas; e, como Igreja, tem de aprender a esperar a gloriosa volta de Cristo.

1. Ela precisa aprender a ser Igreja

Algumas igrejas, embora comprovadamente igrejas, ainda não aprenderam a ser Igreja. Haja vista os coríntios. Eram eles chamados santos; tinham acesso aos meios da graça; possuíam todos os dons espirituais; desfrutavam de uma poderosa visitação de Deus. Todavia, não haviam eles aprendido a ser Igreja.

Eram Igreja; mas em nada diferiam do mundo. Pertenciam ao povo de Deus; achavam-se, porém, impregnados da cultura dos gentios. Iriam, certamente, para o céu, viesse o Senhor Jesus naqueles dias; contudo, tinha-se a impressão de que corriam para o inferno. Haviam sido chamados para cultivar as boas obras; todavia, entre eles semeava-se obras tão ruins e de tal forma malévolas que, segundo disse Paulo, nem mesmo entre os pagãos havia iguais (I Co 5.1). Vocacionados para fé, deixaram-se enredar-se pelo chamado da incredulidade; não acreditavam com inteireza em algumas verdades básicas do Cristianismo como, por exemplo, a ressurreição do Filho de Deus (I Co 15.12).

Os coríntios não haviam ainda aprendido a ser Igreja. Se alguma coisa aprenderam, agora desaprendiam. Foi preciso que Paulo lhes escrevesse duas epístolas, a fim de que fossem devidamente doutrinados. Lendo a primeira, tem-se a impressão de que aquela igreja era, na verdade, uma anti-igreja. A Igreja supõe unidade; aquela achava-se dividida em grupos e partidos. A Igreja demanda amor e concórdia; os membros daquela, eivados por uma ímpia intolerância, levavam uns aos outros às barras dos tribunais. A Igreja requer vida santa e ilibada; aquela encontrava-se contaminada por costumes agravados e grosseiros. A Igreja reivindica uma fé pura e simples; aquela, ainda contaminada pela lógica de seus filósofos, além de não atinar corretamente com as coisas de Deus, escandalizavam-se com os mistérios de Cristo.

Enfim, a igreja de Corinto, embora Igreja, não havia ainda aprendido a ser Igreja. E, à semelhança desta, muitas são as igrejas que estão a requerer um servo de Deus, pedagogo cristão que, no poder do Espírito Santo, leve-as a agir como Igreja de Cristo. Deus, porém, não desiste de seu povo. Se for preciso, volteará conosco por todo um deserto, educando-nos em seus caminhos e, de nós, arrancando o Egito. Ele tirou-nos do mundo; era o trabalho mais urgente que tinha a fazer; e agora, através do magistério de sua Palavra, vai Ele extirpando de nós o mundo para que, em todas as coisas, lhe sejamos semelhantes (Rm 12.1,2).

2. Ela precisa aprender a posicionar-se como Igreja

Além de aprender a ser Igreja, a Igreja de Cristo tem de posicionar-se como Igreja, e não como uma mera organização. Não foi fácil à igreja em Jerusalém posicionar-se como Igreja, e deixar de lado a cultura judaica e as intolerâncias e crendices das várias seitas, principalmente a dos fariseus. Jesus, como o Senhor da Igreja, teve de deflagrar diversas crises, forçando seus discípulos a entenderem que a Velha Aliança já havia cumprido plenamente sua missão.

A primeira crise irrompeu em decorrência do martírio de Estêvão: "E os que foram dispersos pela perseguição que sucedeu por causa de Estêvão caminharam até à Fenícia, Chipre e Antioquia, não anunciando a ninguém a palavra senão somente aos judeus. E havia entre eles alguns varões de Chipre e de Cirene, os quais, entrando em Antioquia, falaram aos gregos, anunciando o Senhor Jesus. E a mão do Senhor era com eles; se grande número creu e se converteu ao Senhor" (At 11.19-21). A partir desse momento, que passará a marcar a universalização da Igreja, os cristãos de origem hebréia começam a assimilar o fato de que a Igreja é um organismo espiritual, e não uma simples seita judaica como pensava não somente o sinédrio, como a maioria dos seguidores de Nosso Senhor. Foi o que o rabino Gamaliel buscou expressar aos seus pares na corte máxima do Israel daqueles dias (At 5.34-36). Fosse a Igreja uma seita judaica, ou um movimento cismático qualquer, estaria fadada a desaparecer, como desapareceram outros grupos daquela época. Todavia, agência por excelência do Reino de Deus, ninguém lhe poderia barrar o avanço.

O Espírito Santo forçou a Igreja a posicionar-se como Igreja. Numa primeira instância, espalhou os cristãos que, a partir de Jerusalém, iam proclamando a mensagem já em toda a Judéia, já em Samaria e já em Antioquia. A partir daquele momento, todos, consciente ou insconscientemente, deixaram-se convencer de que a Igreja não pode deixar de ser Igreja. Contra o Israel do Antigo Testamento o inferno predominara; contra a Igreja de Cristo, todavia, nem o hades nem todos os demônios haveriam de prevalecer (Mt 16.18).

Se a primeira crise foi uma ameaça física contra os santos, a segunda constituiu-se num choque doutrinário. Até então, imaginavam os discípulos que Cristo teria vindo apenas para Israel, e que, de Israel, formaria um reino, do qual os gentios não passariam de meros lacaios. A pergunta que fizeram ao Senhor pouco antes de Ele ascender aos céus é mui significativa: "Senhor, restaurarás tu neste tempo o reino a Israel?" (At 1.6). Eles esperavam o Reino de Israel, mas o Senhor Jesus lhes anuncia a chegada do Reino de Deus com a efusão do Espírito Santo no Pentecostes: "Não vos pertence saber os tempos ou as estações que o Pai estabeleceu pelo seu próprio poder. Mas recebereis a virtude do Espírito Santo, que há de vir sobre vós; e ser-me-eis testemunhas tanto em Jerusalém como em toda a Judéia e Samaria e até aos confins da terra" (At 1.7,8).

Israel certamente haverá de ser restaurado; as promessas que o Senhor fizera a Abraão não foram anuladas com o advento do Messias. Esta dispensação, contudo, pertence à Igreja de Cristo que, embaixadora do Reino dos Céus, veio dar continuidade à proclamação do Deus Único e Verdadeiro. A fim de que os discípulos cumprissem o seu mandato com eficácia, o Senhor Jesus envia-lhes o Consolador. E, assim, revestidos de poder, ser-lhes-ia testemunhas em Jerusalém, em toda a Judéia, na odiada Samaria e, de vitória em vitória, chegariam aos confins da terra.

No entanto, Jesus não revelou de imediato aos seus apóstolos algo que os profetas haviam antecipado. O Espírito Santo não viria apenas sobre os judeus; desceria com igual magnitude sobre os gentios. Como esquecer o pentecostes na casa de Cornélio? Para que aprendessem a ser Igreja, tiveram de aceitar este fato, conforme reconhece o apóstolo Pedro: "E, quando comecei a falar, caiu sobre eles o Espírito Santo, como também sobre nós ao princípio. E lembrei-me do dito do Senhor, quando disse: João certamente batizou com água, mas vós sereis batizados com o Espírito Santo. Portanto, se Deus lhes deu o mesmo dom que a nós, quando cremos no Senhor Jesus Cristo, quem era, então, eu, para que pudesse resistir a Deus?" (At 11.15-17).

No Primeiro Concílio de Jerusalém, dá-se a ruptura entre a teologia judaica e a doutrina de Cristo. A Igreja, enfim, aprendera a posicionar-se como Igreja. Tal ruptura, salientamos, não se deu entre a teologia do Antigo e do Novo Testamento, pois entre ambos os pactos há, não somente unidade teológica, como harmonia doutrinária. A ruptura foi entre o ensino de Cristo e a teologia meramente judaica que, baseada na interpretação dos escribas e dos anciãos, havia deturpado a mensagem que Moisés e os demais profetas haviam recebido de Deus. Em virtude desse rompimento, a Igreja teve condições de transpor os limites do Judaísmo para cumprir a profecia da universalização do conhecimento divino (Is 11.9).

Apesar destes dois mil anos de experiências, há muitas igrejas que ainda não aprenderam a posicionar-se como Igreja. Faz-se necessário, pois, que surja, de quando em quando, um pedagogo que, na força do Espírito Santo, reconduza-as de conformidade com os moldes do Novo Testamento. Que exemplo temos em Martinho Lutero! Erguendo-se ele num momento em que os redimidos do Senhor achavam-se num crucial dilema, proclamou o Evangelho em toda a sua pureza. E, assim, foi a Igreja reformada, conscientizando-se de sua missão e posicionando-se como o corpo místico de Cristo. Grandes pedagogos também foram Wesley, Finney, Daniel Berg e Gunnar Vingren. Todos eles sabiam como levar a Igreja a posicionar-se como Igreja de Cristo; conduziram-na no avivamento espiritual. Sem o avivamento contínuo, a igreja pode ser tudo, menos a Igreja fundada sobre os apóstolos e profetas.

3. Ela precisa aprender a gerar igrejas

Se a Igreja ainda não aprendeu a ser Igreja; se ainda não sabe posicionar-se como Igreja; como poderá ela gerar igrejas? Busquemos novamente o exemplo da Igreja Primitiva em Jerusalém. Enquanto esta, embora Igreja, se comportava como sinagoga, nenhuma igreja conseguia gerar. Reunida no alpendre de Salomão, não saía aos longes da Judéia, e pouca disposição demonstrava em chegar aos confins da terra.

Ela ainda não possuía a necessária desenvoltura para desvencilhar-se da cultura judaica, e anunciar aos gentios a chegada do Reino de Deus. Isto só viria acontecer com a dispersão dos santos em decorrência do martírio de Estevão. E, agora, já distantes de Jerusalém e alongados das tradições dos anciãos, começaram aqueles irmãos a semear igrejas desde a Judéia até à cosmopolita e helênica Antioquia da Síria. Foi exatamente aqui que a Igreja aprendeu a plantar igrejas.

Magisterialmente, a igreja em Antioquia era completa. Estavam lá os profetas, mestres e doutores (At 13.1-3). E estes, tocados pelo Espírito Santo, puseram-se a educar a igreja a não somente ser Igreja, a não apenas postar-se como Igreja, como também a gerar igrejas. Aqui, livres daquelas peias que impediam a igreja em Jerusalém de transpor as fronteiras étnicas e culturais para chegar até aos gentios, os crentes antioquenos, embora quase todos judeus, comportavam-se e se sentiam como parte de uma igreja criada para se universalizar, e não para se acomodar como uma seita judaica qualquer.

Há que se destacar: o trabalho magisterial de Antioquia era acompanhado de jejuns e orações. Por quem oravam aqueles santos? Por todos os que, embora inclusos na Grande Comissão, ainda não haviam sido alcançados por aqueles a quem Cristo comissionara. Atentemos ao relato de Lucas: "Na igreja que estava em Antioquia havia alguns profetas e doutores, a saber: Barnabé, e Simeão, chamado Níger, e Lúcio, cireneu, e Manaém, que fora criado com Herodes, o tetrarca, e Saulo. E, servindo eles ao Senhor e jejuando, disse o Espírito Santo: Apartai-me a Barnabé e a Saulo para a obra a que os tenho chamado. Então, jejuando, e orando, e pondo sobre eles as mãos, os despediram" (At 13.1-3).

Em Antioquia, diz o texto sagrado, havia profetas e doutores. Mas onde os apóstolos? E os evangelistas? Do que acabamos de ler, concluímos: os missionários e evangelistas somente haverão de ser suscitados pelo Espírito Santo quando a Igreja, devidamente instruída na Palavra, compreender a urgência, o alcance e o peso de sua missão. Foi o que aconteceu na avivada e pentecostal Antioquia. Depois de concluído o labor dos profetas e dos doutores, levanta o Senhor os missionários. O mesmo aconteceu com o Movimento Pentecostal. Em primeiro lugar, os crentes são instruídos acerca do Evangelho Completo de Jesus: Ele salva, batiza no Espírito Santo, cura, opera sinais e maravilhas e, em breve, virá buscar a sua Igreja. Logo após, a profecia, indicando o campo onde deveriam atuar Daniel Berg e Gunnar Vingren. Sem a ação dos primeiros doutores pentecostais, como o mundo haveria de se incendiar com o fogo do cenáculo?

Também é missão da Educação Cristã ensinar a Igreja a gerar igrejas, levando-a a cumprir integral e plenamente os itens da Grande Comissão. Se os educadores, por conseguinte, falharmos neste tão importante quesito, como poderemos observar os outros pontos de nossa missão magisterial?

4. Ela precisa aprender a esperar Jesus

Perguntaram a Martinho Lutero, certa vez, o que faria ele, hoje, se soubesse que, amanhã, viria Cristo arrebatar a Igreja. O grande reformador nenhum exercício de lógica teve de fazer para dar uma resposta que se tornaria clássica nos meios teológicos: "Eu plantaria uma árvore". Lutero aprendera a esperar pela vinda de Jesus, e pela vinda de Jesus empenhava-se incondicional e amorosamente. Tão maravilhosa esperança, repassara-a ele a toda a sua geração. Infelizmente, muitas igrejas ainda não aprenderam a aguardar a bendita esperança dos santos.

Como esperar pela volta de Jesus? Antes de mais nada, é mister nos precavermos contra dois erros igualmente nocivos e letais para o corpo místico de Cristo: 1) A interpretação liberal da doutrina do arrebatamento; e 2) A escatomania.

a) A interpretação liberal da doutrina do arrebatamento da Igreja de Cristo. Não são poucos os teólogos que, contaminados pelo racionalismo e pela escola da demitização da Bíblia, ensinam que a doutrina da segunda volta de Cristo não pode ser interpretada de forma literal. Isto porque, conforme suas palavras, trata-se de uma teologia que, trabalhada de forma alegórica pelos apóstolos, tem por objetivo levar os cristãos a ostentar uma postura mais ética na sociedade. Outros, abusando dos neologismos, ousam afirmar que, se existe alguma escatologia no Novo Testamento, só pode ser a escatologia realizada. Ou seja: a escatologia somente se torna realidade na vida dos que morrem em Cristo, e são por Ele levados à presença de Deus.

Por mais teológicas que se mostrem tais falácias; por mais firmes e bíblicas que pareçam tais burlas; por mais lógicas que se exibam tais afoitezas, não passam de zombarias grosseiras e de mau gosto contra a vinda do Senhor Jesus. Como educadores cristãos, obrigamo-nos a ensinar a Igreja quão sólido é o ensino da volta de Cristo. É a mais embasada das doutrinas. Do Gênesis ao Apocalipse, há nada menos que trezentas referências acerca do aparecimento do Cristo glorioso e ressurrecto. Somente os que torcem a Palavra de Deus ousariam lançar uma verdade tão sublimada no descrédito.

O apóstolo Pedro, discorrendo sobre esses falastrões e hereges, é mais que incisivo: "Amados, escrevo-vos, agora, esta segunda carta, em ambas as quais desperto com exortação o vosso ânimo sincero, para que vos lembreis das palavras que primeiramente foram ditas pelos santos profetas e do mandamento do Senhor e Salvador, mediante os vossos apóstolos, sabendo primeiro isto: que nos últimos dias virão escarnecedores, andando segundo as suas próprias concupiscências e dizendo: Onde está a promessa da sua vinda? Porque desde que os pais dormiram todas as coisas permanecem como desde o princípio da criação. Eles voluntariamente ignoram isto: que pela palavra de Deus já desde a antiguidade existiram os céus e a terra, que foi tirada da água e no meio da água subsiste; pelas quais coisas pereceu o mundo de então, coberto com as águas do dilúvio. Mas os céus e a terra que agora existem pela mesma palavra se reservam como tesouro e se guardam para o fogo, até o Dia do Juízo e da perdição dos homens ímpios. Mas, amados, não ignoreis uma coisa: que um dia para o Senhor é como mil anos, e mil anos, como um dia. O Senhor não retarda a sua promessa, ainda que alguns a têm por tardia; mas é longânimo para convosco, não querendo que alguns se percam, senão que todos venham a arrepender-se. Mas o Dia do Senhor virá como o ladrão de noite, no qual os céus passarão com grande estrondo, e os elementos, ardendo, se desfarão, e a terra e as obras que nela há se queimarão. Havendo, pois, de perecer todas estas coisas, que pessoas vos convém ser em santo trato e piedade, aguardando e apressando-vos para a vinda do Dia de Deus, em que os céus, em fogo, se desfarão, e os elementos, ardendo, se fundirão? Mas nós, segundo a sua promessa, aguardamos novos céus e nova terra, em que habita a justiça" (2 Pe 3.1-13).

Os zombadores, aqui descritos, em nada lembram aqueles palhaços de circo que, nos desfiles pelas cidades do interior, levam todos a se desmancharem em gargalhadas. Eles jamais serão encontrados nos picadeiros. Assomando os púlpitos, ocupando importantes cátedras nos seminários e institutos bíblicos, publicando monografias e livros, são reverenciados como teólogos e homens de igreja. E já acobertados por uma aura de respeitabilidade, vão, pouco a pouco, solapando as mais importantes doutrinas do Cristianismo, dentre as quais o iminente retorno de Nosso Senhor.

Como enfrentá-los? Eis uma grande tarefa para os educadores cristãos. Não basta acusá-los de heresias. Faz-se urgente destruir-lhes os sofismas e expor a inconsistência de sua lógica. É o que fazia Paulo ao defrontar-se com os sábios segundo o mundo: "Porque as armas da nossa milícia não são carnais, mas, sim, poderosas em Deus, para destruição das fortalezas; destruindo os conselhos e toda altivez que se levanta contra o conhecimento de Deus, e levando cativo todo entendimento à obediência de Cristo, e estando prontos para vingar toda desobediência, quando for cumprida a vossa obediência" (2 Co 10.4-6).

A Igreja não pode viver sem a abençoada esperança do arrebatamento. Ela tem de saber que, a qualquer momento, virá o Senhor Jesus buscar os santos, a fim de que estejamos para sempre com Ele. Que os educadores cristãos, por conseguinte, sejamos relevantes e bíblicos, evangélicos e proféticos. As ferramentas de que utilizamos para educar os santos – a pedagogia, a didática, a psicologia, etc – não podem sufocar a mensagem que nos entregou o Senhor. Não nos enganemos: Jesus está às portas. Todos os sinais estão a indicar que, em breve, virá Ele nos buscar. Maranata! Ora vem, Senhor Jesus!

b) *Os perigos da escatomonia.* Todo extremismo teológico traz como reação outro extremismo. O equilíbrio nesse terreno é muito difícil. Se por um lado há os que, torcendo as Escrituras, dizem que a vinda do Senhor não passa de uma mera alegoria; por outro, há os que, alienados da verdadeira doutrina do Novo Testamento, tudo interpretam à luz da segunda vinda de Cristo. Mesmo onde não há escatologia, encontram eles as últimas coisas. Haja vista os tessalonicenses que, ante a expectativa do Dia do Senhor, passaram a descurar de suas obrigações diárias e das tarefas normais da igreja. Para corrigir tal distorção, o apóstolo Paulo viu-se obrigado a endereçar-lhes duas epístolas, exortando-os a ter uma ótica correta acerca da volta de Jesus (2 Ts 2.1-6).

Muitas são as heresias originadas de uma ênfase antibíblica sobre a volta de Jesus. O Adventismo do Sétimo Dia, por exemplo, ousou marcar a data do arrebatamento da Igreja em, pelo menos, duas ocasiões. A fim de maquiar semelhante erro, seus doutrinadores tiveram de criar uma série de casuísmos, esforçando-se por explicar o inexplicável. E o que dizer dos chamados Testemunhas de Jeová? Como o Senhor Jesus não voltasse conforme o anunciado por seus ideólogos, viram-se estes constrangidos a elaborar um discurso que não resiste o mais superficial dos exames.

Infelizmente, até mesmo nas fileiras conservadoras surgem, de quando em quando, um profeta, ou um numerólogo que, abusando das cabalas evangélicas, acabam marcando a vinda de Jesus. Mas quando a data chega, e nada acontece, os tais desaparecem envergonhados, e deixam atrás de si um rastro de destruição e de vergonha.

Há igrejas que, por não vigiarem, permitiram-se levar por essas aventuras teológicas; e, hoje, lutam por se reencontrar mas não o conseguem.

A data da segunda volta de Cristo é um assunto que pertence exclusivamente à economia divina: "Porém daquele Dia e hora ninguém sabe, nem os anjos dos céus, nem o Filho, mas unicamente meu Pai" (Mt 24.36). Ensinemos, pois, a Igreja a esperar pela volta de Nosso Senhor. Que o espere, porém, trabalhando enquanto é dia; vem a noite em que ninguém mais poderá trabalhar (Jo 9.4).

Quanto à vinda de Nosso Senhor, não temos de ser liberais nem extremados; sejamos bíblicos, vigilantes e responsáveis. Se Cristo está prestes a vir, por que afrouxar as mãos e viver irresponsavelmente? Por que deixar a seara do Mestre? Que os educadores cristãos saibamos como conduzir o rebanho de Cristo de maneira equilibrada e sábia, a fim de que ninguém fique envergonhado naquele grande dia.

IV. A Necessidade da Sociedade

Além de evangelizar a sociedade humana, tem a Igreja de Cristo algumas obrigações em relação a esta, que não podem ser descuradas nem transferidas a nenhuma outra organização. Cabe-lhe, como sal da terra e luz do mundo, protestar contra as iniqüidades, através de uma postura ilibada e santa, a fim de que todos nos vejam as boas obras e venham a glorificar o Pai Celeste. É claro que não conseguiremos ganhar toda a sociedade para Cristo, mas todos haverão de saber que, nesta terra, há um povo santo, profético e sacerdotal; um povo que jamais se conformará com este mundo. E, assim, estará a Igreja agindo como a agência educadora do Reino de Deus.

Em relação à sociedade humana, estas são as nossas principais responsabilidades pedagógicas: evangelística, profética e assistencial.

1. Responsabilidade evangelística

Não fosse o Evangelho de Cristo, o Ocidente ainda estaria metido numa pré-história obscurantista, maligna e cruel. Ninguém ignora que, apesar dos avanços das culturas grega e latina, práticas sangrentas eram observadas nos templos de Atenas e nas arenas romanas. Nem mesmo a filosofia que, tendo como berço a Grécia, irradiara-se por todo o Império Romano, havia conseguido arrancar o homem àquele primitivismo que, nas escolas e palácios, era acobertado por uma civilização galvanizada. Além disso, os bárbaros, que pouco se importavam com a cultura greco-romana, já se preparavam para se apoderar de Roma, o que de fato aconteceu em 476 d.C.

Enquanto isso, ia o Evangelho conquistando povos, desbravando fronteiras culturais e alargando todos os limites do Reino de Deus. Os germanos, que não se deixaram levar pelos encantos da literatura clássica, agora se curvavam ante o Evangelho. Se a voz de Cícero já não podia ser ouvida, a eloqüência do Senhor Jesus e de seus apóstolos fazia-se cada vez mais poderosa entre os suevos, godos, bretões, gauleses e eslavos.

A recomendação de Paulo fora zelosamente observada pelos missionários que lhe seguiram os passos: "Admoestando a todo homem e ensinando a todo homem em toda a sabedoria; para que apresentemos todo homem perfeito em Jesus Cristo" (Cl 1.28). Se a Europa progrediu, progrediu em virtude de haver aceitado a mensagem de Cristo. É claro que, com o decorrer dos séculos, houve muitos desvios e apostasias, principalmente em decorrência da alegada supremacia da igreja de Roma. Não obstante, o Cristianismo triunfou em toda a Europa, de onde, durante os grandes avivamentos, saíam missionários para levar o Evangelho até às vastidões mais incógnitas do planeta.

Em nosso país, grande é a responsabilidade da Educação Cristã. Cumpramos amorosamente as cláusulas da Grande Comissão. Somente assim arrancaremos o Brasil da miséria moral e espiritual em que se encontra. Nossa gente acha-se acorrentada a um cristianismo paganizado, sincrético, folclórico e divorciado das Sagradas Escrituras. O que dizer das superstições herdadas dos índios? Dos demonismos que os escravos trouxeram da África? E do espiritismo importado da França e consumido pela elite como se fora a mais refinada das religiões? Se não arrebatarmos nosso povo destes tentáculos, jamais viremos a desfrutar das bênçãos que o Senhor Jesus reservou aos povos que, humildemente, têm-no como soberano. A Palavra de Deus é imperiosa: "Bem-aventurado é o povo cujo Deus é o SENHOR!" (Sl 144.15).

Infelizmente, boa parte de nossos intelectuais ainda tratam as religiões indígenas, por exemplo, como meras manifestações culturais. Sem estabelecer diferenças entre estas e aquelas, confundem práticas religiosas com folclore. E, assim, põem-se a influenciar as autoridades a que criem mecanismos de "proteção" aos povos autóctones, barrando-lhes o acesso ao Evangelho de Cristo e aos benefícios da civilização: educação, saúde, cidadania plena, etc. Os índios que vivem em nosso território têm de ser vistos como cidadãos, e não como eternas crianças. Por que usá-los em manobras políticas e econômicas?

A evangelização, em nosso país, é uma tarefa inacabada. Há muitas fronteiras a serem transpostas. Temos o desafio da evangelização urbana que, em cidades como o Rio de Janeiro e São Paulo, vêm adquirindo configurações jamais vistas. Se a Igreja de Cristo não se mobilizar para alcançar a todos em todos os lugares, nenhuma esperança restará à nossa gente. Jesus Cristo é a única solução.

2. Tarefa profética

A história mostra ter sido a influência espiritual da Igreja decisiva no redirecionamento político e histórico de muitas nações. O que dizer da Alemanha que, sob o estandarte da Reforma, desvencilhou-se dos tentáculos de Roma, erguendo-se como um dos povos mais pujantes do mundo? E a Inglaterra de Wesley? Disse um historiador, certa vez, que o avivamento wesleyano livrou a nação inglesa de uma tragédia semelhante à Revolução Francesa.

O filósofo italiano, Francisco Nitti, assim sumaria a participação dos evangélicos na formação e independência dos Estados Unidos:

"A igreja da Inglaterra, depois das reformas de Henrique VIII, tornara-se mais intolerante que a Igreja romana: os que queriam purificar e simplificar as formas do culto, os puritanos, eram perseguidos tanto ou mais que os católicos. Os adeptos de Brown, os calvinistas, os separatistas, eram perseguidos, encarcerados, condenados à morte.

"Foi para evitar essas perseguições que, em 1620, os cristãos separatistas iniciaram a imigração para a América, logo seguidos por outros grupos.

"Umas das primeiras coisas que fizeram estes colonos foi reivindicar o poder legislativo e, procurando adaptar as leis inglesas aos preceitos religiosos, formularam em 1641 um verdadeiro código de leis, o "body of liberties". Assim, todas as comunidades religiosas que chegavam à América começavam por fazer um estatuto, um pacto social, que era submetido à aprovação de todos os interessados. Os pactos de New Haven em 1637, de Rhode Island em 1638, de Providence em 1640, etc., nada mais são do que os germes da nova democracia. Homens unidos pela mesma fé, em comunidade de condições e de vida, fugidos das mesmas perseguições, sedentos da mesma liberdade, elaboraram, nas suas declarações e nos seus atos, os princípios fundamentais das suas constituições políticas.

"A guerra pela independência, entre 1775 e 1783, determinou a necessidade de coordenar todos os esforços, e criou o movimento de sentimentos e de idéias que culminou na Constituição de 1787. A declaração da independência, redigida por Jefferson e aprovada pelo Congresso, foi publicada em 8 de julho de 1776, continha todo o espírito das precedentes declarações, e foi a base da Constituição promulgada onze anos depois, em vigor ainda hoje.

"A velha Europa impelira para a América os descontentes, os dissidentes, os revoltosos, na esperança de expulsar e destruir todos os fermentos de inovação e de revolução; mas assim fazendo, criara, sem o querer, uma sociedade inevitavelmente democrática e republicana. Nem uma aristocracia aí era possível. O espírito democrático, mais profundo no norte e no oeste, devia consolidar-se como uma necessidade em quase todos os Estados da América do Norte, e se espalhar depois em todos os outros países americanos.

"No declínio do século XVIII, enquanto na Europa o movimento liberal era quase exclusivamente filosófico e limitado a alguns sectores intelectuais, na América os imigrados representavam pela cultura, pela inteligência e, sobretudo, pelo espírito empreendedor uma média muito superior a de qualquer Estado europeu. Para eles não só havia nem grandes nomes do passado, nem homens de ciência, nem filósofos. Eram homens de fé, que conheciam os livros sagrados, que criam, que sofriam e trabalhavam pela gloria de Deus, que eram regularmente instruídos e que não estavam dispostos a tolerar a tirania religiosa.

"A primeira declaração dos direitos do povo da Virginia (I de Junho de 1776) contém em germe toda a declaração dos direitos do homem da Revolução Francesa. Aquele soberbo documento afirmava que toda a autoridade pertence ao povo e, por conseguinte, emana dele e não pode ser hereditária; que os três poderes do Estado devem permanecer separados e distintos; que a liberdade de imprensa não pode ser cerceada; que o poder militar deve estar sujeito ao poder civil.

"Mas a grandiosa declaração da independência (4 de julho de 1776), que, traduzida e difundida na Europa, ecoou profundamente e inflamou todos os espíritos mais elevados, de Mably e Lafayette, é a verdadeira tábua fundamental da democracia moderna".

Além da democracia, o Evangelho tem levado as nações a adotarem uma administração fundamentada no bem comum, na probidade e transparência moral. Se as tiranias deleitam-se com a imoralidade e com a dilapidação dos recursos públicos, as grandes democracias, como a americana e a inglesa, porfiam em construir um exemplo de lisura e de honestidade.

A Igreja de Cristo não necessita da política partidária para influenciar a sociedade e induzir os homens públicos a zelarem pelo bem comum. Basta-lhe ater-se à pregação do Evangelho, à intercessão e à sua postura que, em todas as coisas, deve refletir sua condição de luz do mundo e sal da terra. Isto não significa, porém, que o cristão não possa votar e ser votado. Afinal, embora cidadãos dos céus, não deixamos de ser cidadãos da terra. Mas que, na política, o cristão jamais se esqueça de seu compromisso com o Reino de Deus.

3. Responsabilidade assistencial

Cristãos fundamentalistas, somos contrários ao evangelho meramente social que, orgulhoso de suas beneficências, acha que não mais deve proclamar a mensagem da cruz em sua plenitude. Se por um lado, nenhuma obra assistencial, por mais eficaz e meritória, deve sufocar o nosso amor pelo Filho de Deus nem levar-nos a asfixiar-se o genuíno Evangelho. Por outro, tendo os pobres sempre conosco, não podemos descurá-los, abandonando-os à própria sorte; a Palavra de Deus insta-nos a que cuidemos dos mais necessitados.

Um dos maiores exemplos de assistência social temos em Paulo. Embora haja o apóstolo sido vocacionado a pregar aos gentios e abrir igrejas nos lugares mais alongados da terra, jamais deixou de assistir os necessitados. Entre os gentios, fazia constantes menções das agruras pelas quais passavam os santos em Jerusalém. Era ele tão zeloso pelo bem-estar da Igreja, que poderia ser considerado também o patrono das obras assistenciais cristãs. Em momento algum, porém, deixou de falar do pão que, descendo do céu, sacia a fome de toda a humanidade; seu evangelho era completo.

Dois extremos devemos nós evitar no desempenho do ministério cristão. O primeiro é que a assistência social não é problema nosso, e sim do governo. O segundo, igualmente perigoso, é que a obra assistencial deve estar acima da proclamação do Evangelho; porque, socorrendo os pobres, falamos-lhes naturalmente do amor de Deus. O Senhor Jesus não agia dessa maneira. As multiplicações de pães foram precedidas de longos e exaustivos ensinos acerca do Reino de Deus. Temos de ensinar a Igreja a agir assistencialmente, mas sem menosprezar nem deixar em segundo plano sua suprema tarefa – pregar o Evangelho até aos confins da terra.

As obras assistenciais cristãs acham-se entre as mais meritórias. O que dizer do Exército de Salvação? Da Cruz Vermelha Internacional? Dos hospitais, asilos e orfanatos espalhados por todo o mundo? Que estes exemplos nos ajudem a atuar assistencialmente, e mostrar a todos que o Evangelho de Cristo é completo: preocupa-se com a alma, mas não deixa de lado o bem-estar físico dos que necessitam de Cristo. É a religião que tanto nos dá o pão que desce do céu, como o pão que brota da terra.

Conclusão

A Educação Cristã atende a uma elevada gama de necessidades; seu raio de ação é mui abrangente. Ela conduz a Igreja a atuar em todas as frentes, preservando-lhe a identidade como povo de Deus, mantendo-lhe as características espirituais que dela fazem o corpo místico de Cristo, e realçando-lhe o ministério específico que é a proclamação do Evangelho.

Como educadores cristãos, estejamos atentos a todas essas necessidades do povo de Deus, a fim de que este, cumprindo plenamente sua tarefa, erga-se como luz do mundo e sal da terra.

QUESTIONÁRIO

1. O que é necessidade?
2. Quais as principais necessidades do ser humano?
3. Quais as principais necessidades da Igreja?
4. Como poderá a Igreja proclamar a necessidade de se proclamar o Evangelho?
5. Como poderá a Igreja ser a voz profética de Deus?
6. Como poderá a Igreja ser luz do mundo e sal da terra?
7. Como poderá a Igreja preservar sua identidade, influenciando a sociedade a agir eticamente?
8. Como a Igreja poderá influenciar a sociedade?
9. Qual a participação da Igreja na formação da moderna democracia?
10. Qual o maior exemplo de democracia?

7

As Correntes Filosóficas da Educação

Sumário

Introdução

Como as principais correntes da Filosofia encaram a educação do ser humano? Há pontos de contato entre a Filosofia da Educação e a Teologia da Educação Cristã? Somente quando houvermos respondido a tais perguntas é que poderemos estabelecer um currículo que não somente contemple as necessidades de aprendizagem do educando, como também o ajude a desvencilhar-se das ideologias relativistas e contrárias a Deus que, do jardim da infância à universidade, eivam nossas escolas.

O trabalho do educador cristão, hoje, não se limita ao currículo que, até bem pouco tempo, usávamos na Escola Dominical. Hoje, além de pedagogos, temos de atuar também como pensadores e apologetas da genuína fé evangélica; somente assim poderemos formar, com êxito, o caráter de nossos alunos, levando-os a ser úteis tanto a Deus, quanto ao próximo.

Antes de mais nada, conheçamos a função de uma corrente filosófica e a sua influência na educação do ser humano. Afinal, como diria John Dewey, toda filosofia, em sua essência, é uma filosofia da educação.

I. As Correntes Filosóficas da Educação

Não existe uma educação completamente neutra e que independa seja de uma escola filosófica, seja de uma orientação teológica. A educação, em si, já pressupõe uma ideologia. Logo, não existe uma educação puramente técnica nem genuinamente artística. Fundamentando a técnica ou a arte, acha-se um pensamento que, por mais tosco e rude, acabará por se transformar numa doutrina pedagógica.

O mais simples dos artesãos, quando devidamente inquirido, revelará possuir uma filosofia, através da qual orienta todo o seu labor. Simplório e até carente de palavras, dirá que trabalha, por exemplo, para sustentar a família. Embora desprovida daquele rigor metódico que tanta glória emprestou a pensadores como Aristóteles e Descartes, demonstra essa declaração que, atrás de todo fazer humano, acha-se uma idéia.

Todos conhecemos a parábola dos trabalhadores que estavam construindo um templo. Alguém perguntou a um deles o que fazia, e este respondeu: "Ergo uma parede". O outro acudiu: "Lavro as últimas pedras para o piso". Mas um terceiro surpreendeu a todos: "Construo a casa de Deus, onde pessoas de todos os lugares estarão adorando ao Criador, buscando-lhe a face e intercedendo pelos que sofrem".

Aparentemente, apenas o terceiro operário possuía uma ideologia. Contudo, os dois primeiros também possuíam a sua filosofia. Se o terceiro via aquele templo como casa de Deus, os dois primeiros encaravam-no como um simples ganha-pão. O terceiro era um teólogo; os dois primeiros, meros utilitaristas.

Por conseguinte, toda prática educacional é orientada por uma corrente filosófica.

1. Definição

Corrente filosófica é uma orientação ideológica, cuja função precípua é direcionar comportamentos, tomadas de decisão e a aplicação das ciências nas diversas atividades humanas.

Embora não devamos ignorar as principais correntes filosóficas da educação, haveremos de ter sempre a Bíblia como a nossa inquestionável e suprema autoridade; ela precede a filosofia humana. Atentemos ao que pergunta o Senhor ao sapiente Jó: "Onde estavas tu, quando eu fundava a terra? Faze-me saber, se tens inteligência" (Jó 38.4). As filosofias que hoje são decantadas como verdades, amanhã serão tidas como inúteis e retrógradas. A Palavra de Deus, porém, é para sempre! Aleluia!

2. Defendendo as bases da Educação Cristã

A Educação Cristã tem o seu principal fundamento nas Sagradas Escrituras que são a inspirada, inerrante e infalível Palavra de Deus. Estaremos, porém, preparados para defender suas bases? Como impedir que ideologias espúrias venham a contaminar o santo magistério?

Desgraçadamente, educadores seculares e até "cristãos", menosprezando os ensinos dos profetas hebreus e dos apóstolos de Nosso Senhor, vão à procura de alternativas que não passam de propostas ímpias e atentatórias contra a dignidade humana. Haja vista o que vem ocorrendo nos Estados Unidos. Apesar de o sistema educacional americano ter a Bíblia como o seu fundamento, pedagogos liberais e descompromissados com Deus, com a Igreja e com a formação ética dos jovens, vêm introduzindo, nos mais tradicionais e respeitáveis educandários, currículos relativistas, imorais e contrários aos valores absolutos das Escrituras Sagradas.

Vejamos algumas das proposituras que os filósofos da educação intentam implantar nas escolas públicas e até mesmo nas instituições de ensino evangélicas.

II. O Naturalismo

À primeira vista, o naturalismo chega a impressionar em razão da poesia de suas propostas. Quem não gostaria de abandonar a selva de pedra? E quem não sonha fugir a essas babilônias cruéis e desalmadas para, em contato com o bucólico, reencontrar o paraíso perdido? O naturalismo é a mais idílica das correntes filosóficas; todavia, é mais do que uma filosofia; é uma corrente espiritual que algema e leva o homem à escravidão mental e religiosa.

Vejamos, pois, em que se fundamenta esta filosofia.

1. O que é o naturalismo

Tendo como um de seus maiores expoentes o filósofo suíço Jean Jacques Rousseau, o naturalismo é uma doutrina que preconiza a volta do ser humano à natureza e a uma alegada simplicidade primitiva tanto nas instituições sociais, como na maneira de se viver.

Já no tempo de Paulo, muitos eram os seguidores dessa falácia. Em sua epístola aos romanos, o apóstolo discorre sobre os sectários do naturalismo:

"Dizendo-se sábios, tornaram-se loucos. E mudaram a glória do Deus incorruptível em semelhança da imagem de homem corruptível, e de aves, e de quadrúpedes, e de répteis. Pelo que também Deus os entregou às concupiscências do seu coração, à imundícia, para desonrarem o seu corpo entre si; pois mudaram a verdade de Deus em mentira e honraram e serviram mais a criatura do que o Criador, que é bendito eternamente. Amém!" (Rm 1.22-25).

Os gregos e romanos daquele tempo, ostentando uma sabedoria que, na verdade, não passava de uma loucura galvanizada, haviam trocado o sobrenatural pelo natural. Mas nem por isso achavam-se de acordo com as leis da natureza. Assim o revela o apóstolo dos gentios que, sendo cidadão romano e conhecendo profundamente a cultura helena, sabia muito bem o que se passava naquelas cidades cheias de esplendor e de civilização: "Pelo que Deus os abandonou às paixões infames. Porque até as suas mulheres mudaram o uso natural, no contrário à natureza. E, semelhantemente, também os varões, deixando o uso natural da mulher, se inflamaram em sua sensualidade uns para com os outros, varão com varão, cometendo torpeza e recebendo em si mesmos a recompensa que convinha ao seu erro. E, como eles se não importaram de ter conhecimento de Deus, assim Deus os entregou a um sentimento perverso, para fazerem coisas que não convém" (Rm 1.26-28).

Neste texto, não é difícil visualizar a decadência de nossa época. Embora muitos naturalistas professem estar vivendo segundo as regras da mãe natureza, morrem como o pródigo que despreza o Pai que a criou. Apesar de defenderem a ecologia, nenhum cuidado demonstram ao santuário de seus corpos. Recusam os alimentos transgênicos, mas se entregam à química das drogas. Vegetarianos, tornam-se escravos das demandas mais imundas da carne. Aficionados pelo exterior, acabam por se destruir interiormente.

Como semelhante filosofia pode orientar um sistema educacional? Como hão de se portar os que, desde a mais tenra infância, aprenderam a honrar a criatura e a blasfemar do Criador?

Procurando analisar todas as coisas através da luz natural da razão, os naturalistas tudo fazem por neutralizar a natural propensão do homem ao sobrenatural. Aliás, que ser humano, por mais materialista e racionalista, consegue viver como se o sobrenatural inexistisse? Os próprios naturalistas, apesar de se dizerem indiferentes à religião e às coisas de Deus, terminam por dar um caráter sobrenatural ao natural. Da natureza, criam eles uma religião que, em nada, difere das religiões que tanto abominam. Têm eles os seus dogmas; possuem o seu código de conduta; e até uma liturgia ostentam. As reservas naturais chamam de santuários; ao nosso planeta apelidam de mãe-terra. Internados nas selvas, adoram os gnomos e duendes – símbolos dos reais agentes do inferno que, por parecerem infantis e inofensivos, estão a comprometer e a destruir a inocência das crianças. Sim! Duendes e gnomos! Assim são apelidados os demônios que levaram o gadareno a morar nos sepulcros e a viver como um suíno. Demônio é demônio até mesmo quando vira anão de jardim.

Declarando-se infensos ao divino, descambam os naturalistas para o diabólico. É o que acontece na Índia. Uma gente esfaimada rejeita a carne bovina por acreditar que são divindades aquelas alimárias obesas e nédias que Deus criou para a nossa nutrição. Se os hindus tratam os animais como deuses, por que eles tanto maltratam suas crianças? Até bem pouco tempo, nenhum escrúpulo tinham em prostituir as meninas, sacrificar os bebês e queimar as viúvas. Que naturalismo é este que desconhece os princípios mais elementares da lei natural?

Se o naturalismo não pode aceitar o currículo espiritual do homem, como haveremos de admiti-lo na sala de aula? As crianças têm de aprender que, além de nossa realidade física, há uma outra que, transcendendo a esta, merece igual ou maior atenção, "porque todos devemos comparecer ante o tribunal de Cristo, para que cada um receba segundo o que tiver feito por meio do corpo, ou bem ou mal" (2 Co 5.10).

III. O Nacionalismo

Os nazistas foram mais eficientes que os egípcios; estes levaram alguns milênios para construir seu império, aqueles apenas uma década. Fizeram-se mais cruéis que os assírios; se estes se conformavam em destruir os inimigos, os alemães não tinham escrúpulos em abater os próprios filhos. Tornaram-se mais imponentes que os babilônios; se estes foram simbolizados pelo ouro, os asseclas de Hitler aspiravam brilhar mais do que o mesmo sol. Ostentavam uma eternidade que nem os imortais do exército persa possuíam; se estes pareciam nunca morrer, os soldados alemães davam a impressão de ressuscitar em cada país. Mais ágeis que os homens de Alexandre Magno, as infantarias de Hitler, em avassaladoras levas, apropriaram-se de uma Europa débil e sem alma. Os alemães de Hitler eram mais ambiciosos do que os franceses de Napoleão; estes buscavam fazer da Europa um único estado, aqueles procuravam apequenar o mundo numa suástica.

Qual o segredo dos nazistas? Sua filosofia educacional. Do orgulho alemão, os pedagogos nazistas forjaram o mais forte e irresistível dos nacionalismos modernos. De repente, soergue-se a Alemanha do pântano, em que se lançara durante a Primeira Guerra Mundial, pronta a espezinhar tudo que não fosse germânico. Hitler não educou seus alemães para reconstruir o país; condicionou-os a destruir o mundo para que no mundo só houvesse lugar para o universo teutônico. Como a Atenas do Ocidente deixara-se de tal forma bestificar-se?

1. O que é o nacionalismo

É a exaltação do sentimento nacional que induz os habitantes de um país a idolatrar tudo o que lhes é próprio, e a repugnar tudo o que pertence a outro povo. Sobre este sentimento, edificou-se a doutrina que estimula a política interna de um país a desenvolver ao máximo o seu poderio, mesmo que isso implique na destruição de minorias e de outras nacionalidades.

2. Os males do nacionalismo

Além do nacionalismo germânico que, em busca de um espaço vital para a sua expansão, dizimou minorias, violou a soberania de estados europeus e africanos e tomou vastas porções aos países vizinhos, há que se considerar, ainda, o ufanismo japonês. O que a Alemanha fez no Ocidente, no Oriente fez o Japão. Tudo em nome de um desenvolvimento que nenhuma atenção dava às nacionalidades mais fracas.

Terminada a Segunda Guerra Mundial, o mundo ficou estarrecido com os crimes praticados por ambos os países. Genocídios foram praticados em escala industrial. Se os alemães assassinavam judeus, eslavos e ciganos na Europa, os japoneses executavam chineses, filipinos, malaios e prisioneiros de guerra dos Estados Unidos e do Reino Unido. Rafael Leukin, um dos maiores advogados daquele tempo, foi obrigado a criar um termo para nominar as barbaridades perpetradas pelos alemães e japoneses que, até então, eram tidos como civilizados e singularmente cultos. Genocídio foi o termo cunhado por Leukin. Passadas quase seis décadas, o mundo ainda não conseguiu assimilar os males causados por ambos os nacionalismos.

O que dizer das barbáries dos sérvios contra as minorias da antiga Iugoslávia? E as investidas dos turcos contra os armênios? Como esquecer as guerras entre as tribos africanas que, aos olhos dos brancos, parecem irmãs, mas que, de acordo com a ótica subsaariana, são adversárias irreconciliáveis?

A lista de crimes praticados em nome do nacionalismo é extensa; parece não mais terminar. Na geografia política, os homens parecem todos diferentes; na geografia humana, todos são irmãos. Infelizmente, há sempre um Caim disposto a matar Abel.

3. O que a Bíblia diz sobre o nacionalismo

Se a Palavra de Deus é contra o universalismo, cujo embrião foi a Torre de Babel, posta-se com igual energia contra a virulência de um nacionalismo como o assírio que, a fim de se manter, ia implacavelmente acabando com as demais nacionalidades. Deus criou as nações não para que se destruíssem umas às outras, mas para que vivessem em universal concórdia.

A estas alturas poderá alguém questionar-me: Se Deus é contra o nacionalismo, por que permitiu que se levantasse um povo como Israel que, para fixar-se na terra e manter-se religiosamente puro, foi divinamente instruído a subjugar as oito mais poderosas nações de Canaã? Aparentemente, temos aqui uma contradição nas Sagradas Escrituras. Se por um lado, Deus promete a Abraão que, neste, seriam abençoadas todas as nações da terra, como o Senhor, agora, elimina desta mesma terra várias nações para privilegiar a semente do patriarca?

Em primeiro lugar, haveremos de considerar a soberania de Deus, segundo a qual pode Ele agir como bem entender, pois é o Criador de quanto existe, sendo de tudo Senhor. Todavia, não podemos considerá-lo arbitrário, porque nada fará contra a sua natureza justa e santa. Deus não pode contrariar suas grandezas e bondades; jamais haverá de ferir seus atributos quer naturais quer morais como reconhece o patriarca: "Não faria justiça o Juiz de toda a terra?" (Gn 18.25).

Deus jamais destruiu povo algum injustamente. Haja vista o caso de Sodoma, pela qual Abraão intercedeu até às últimas instâncias. Diz o texto sagrado que os sodomitas eram grandes pecadores diante do Senhor (Gn 13.13). Não obstante, Ele deu aos sodomitas diversas oportunidades para que se arrependessem. Testemunhos e advertências não faltaram a essa gente. Não morou o justo Ló entre eles? E entre eles também não esteve, certa vez, o patriarca Abraão? (Gn 14.22) Certamente até conhecessem a Melquisedeque que, rei da justiça e da paz, jamais deixou de protestar contra os seus grosseiros e inomináveis pecados. O que dizer de um povo que não respeitava nem os santos anjos de Deus? (Gn 19.1-5) Ao Senhor Deus, pois, não restava outra alternativa a não ser destruir Sodoma e as outras cidades que formavam a região daquela Pentápolis.

E os cananeus? Eram eles tão pecadores e de tal forma iníquos, que haviam ultrapassado, de há muito, a medida da paciência divina. Como poupá-los? Além dos ritos vergonhosos com que cultuavam aos seus deuses, ofereciam os seus bebês àquelas divindades toscas e vãs, cujos sacerdotes estavam sempre a reivindicar sacrifícios humanos. Ao Santíssimo Deus, por conseguinte, não restava outra alternativa senão votar aquelas nações ao anátema e à destruição.

Quando os filhos de Israel, ignorando as recomendações dos profetas, passaram a imitar tais povos, foram de igual modo desalojados por Deus daquela terra que, conforme a promessa de Deus a Abraão, manava leite e mel. Sobre eles enviou o Senhor as pragas mais singulares. Basta ler o capítulo 28 de Deuteronômio para se constatar o quanto Deus é imparcial em sua justiça. Ele é misericordioso, sim; mas ao mal, não chama bem; e ao bem, não chama mal (Is 5.20).

Quanto às alegações de alguns pretensos teólogos de que Deus agiu com parcialidade para com Israel, levando-o a cultivar um nacionalismo racial, separatista e contrário à concórdia humana, nada mais falso. Deus não isolou Israel das demais nações; Ele o santificou, dentre todos os povos, a fim de que viesse a ministrar a toda a humanidade como nação sacerdotal e profética (Êx 19.6). Israel não foi separado por ser superior aos demais povos, mas para que, a estes, servisse como testemunha de Deus (Is 43.12). Israel não foi apartado das outras famílias humanas por serem estas maldição, mas para que, a elas, fosse uma bênção (Gn 12.3). Israel não foi alongado dos outros clãs por serem estes imundos, mas para que, com a mensagem que Deus lhe confiara através dos profetas, pudesse purificar todos os povos.

Se estes argumentos ainda não são suficientes, atentemos para a vocação de Nosso Senhor Jesus Cristo. Não foi Ele enviado à terra porque Deus amasse a Israel mais do que a todos os povos; e, sim porque Ele amou o mundo de tal maneira (Jo 3.16). Se como Filho de Deus, o Senhor Jesus declinava a sua origem divina, como Filho do homem demonstrava pertencer não somente a Israel, mas a toda a humanidade (Jo 3.14.15). E, de toda a humanidade, o Senhor fez a sua Igreja – um dos maiores mistérios das Sagradas Escrituras (Ef 3.1-7).

Deus criou as nações, mas não tolera o nacionalismo doentio e fanático como não suporta o universalismo que os descendentes de Noé tentaram erguer com a Torre de Babel. Ele é o Deus de todas as nações.

A Bíblia, embora seja favorável à organização dos homens em nações, não admite a supremacia de uma sobre a outra, nem atura as agressões perpetradas seja na arena diplomática, seja no campo de batalha: "E julgará entre muitos povos e castigará poderosas nações até mui longe; e converterão as suas espadas em enxadas e as suas lanças em foices; uma nação não levantará a espada contra outra nação, nem aprenderão mais a guerra" (Mq 4.3).

4. A Educação Cristã e o Nacionalismo

Tendo como fundamento a Bíblia, a Educação Cristã é contrária ao nacionalismo como o de Hitler, Mussolini e Stalin. Todavia, não é contrária à nacionalidade, pois todos nos encontramos no contexto de uma cidade, de um Estado e da terra que, conforme diz o salmista, pertence ao Senhor.

O homem deve ser útil à sociedade, a fim de que, através de seu testemunho, todos venham a glorificar a Deus. Se o israelita era exortado a ser fiel à sua nacionalidade, os gentios não eram censurados por serem leais às suas unidades nacionais. Haja vista Naamã que, limpo da lepra e já curado de todas as suas iniqüidades, confessou a Eliseu que, devido ao seu compromisso com o rei da Síria, teria de entrar com este no santuário dos ídolos; seu coração, porém, era todo de Jeová. Eliseu disse-lhe simplesmente: "Vai em paz" (2 Rs 5.18,19).

E Cornélio? Embora representasse uma potência dominadora, foi tido como um homem justo e temente a Deus; suas orações chegaram aos céus. E, assim, recebeu ele a visita de um santo anjo que o instruiu a trazer Pedro de Jope para que este lhe falasse do Evangelho de Cristo. Aquele centurião tornou-se o primeiro gentio a receber a visitação pentecostal (At 10). Foi nessa passagem que o Senhor Jesus, apesar de não pregar jamais o universalismo, mostrou estar a bênção de Deus disponível a todos os povos; confessa o apóstolo Pedro: "Reconheço, por verdade, que Deus não faz acepção de pessoas; mas que lhe é agradável aquele que, em qualquer nação, o teme e faz o que é justo" (At 10.34,35).

Por conseguinte, a Educação Cristã não forma o nacionalismo fanático: educa o homem a ser um cidadão responsável, amante de seu país e solidário com todos os povos; mas, acima de tudo, leva-o a glorificar a Deus por intermédio de uma postura biblicamente perfeita.

IV. O Comunismo

Com aquele refinado humor que lhe era tão natural, Milor Fernandes estabeleceu, certa vez, a diferença entre o comunismo e o capitalismo: "O comunismo é a exploração do homem pelo homem. O capitalismo é o inverso". Creio estar aí uma das maiores definições acerca de ambos os sistemas que, desde a aurora da humanidade e sob as mais diversas nomenclaturas e designações, vêm escravizando os povos.

No Ocidente, acostumou-se a estabelecer uma antítese que não é verdadeira: Comunismo x Capitalismo. Nada mais falso; ambos são igualmente exploradores. Por outro lado, vê-se o Capitalismo como sinônimo de Democracia. Mas, aqui, não temos qualquer sinonímia, e, sim, uma antítese perfeita, como perfeita é a antítese entre o Comunismo e a Democracia.

1. O que é o comunismo

Também conhecido como marxismo, devido ao seu principal ideólogo, Karl Marx, o comunismo é um sistema social, político e econômico que, contrário à propriedade privada, propõe o sistema de propriedade coletiva comandada por um Estado proletário.

Ideologicamente, o comunismo é visto, por alguns teóricos, como uma etapa posterior ao socialismo. Este, porém, já provou, em diversas ocasiões, não precisar desse seu pressuposto sucedâneo, e que pode sobreviver muito bem sem ele. Haja vista o socialismo praticado nos países nórdicos, onde a democracia jamais foi ameaçada. O comunismo soviético, por conseguinte, não era nem socialista nem proletário; era uma tirania cruel e sangrenta. Como ignorar os dez milhões de vítimas durante o governo de Stalin? Ou os cem milhões de chineses presos, torturados e mortos por Mao Tse Tung?

Não é fácil compreender o Comunismo, porque o seu principal idealizador era hermético aos próprios ideólogos que lhe exportaram a ideologia à ex-União Soviética e, daqui, esforçaram-se por transportá-la à Europa e aos demais países do mundo. Eis o que Lênin disse do Marxismo: "Sem Hegel, o capital de Marx é ininteligível".

2. Os dois fundamentos do marxismo

Os dois principais fundamentos do Marxismo são o ateísmo e o materialismo. Aliás, estes também são os dois pilares do Capitalismo. A partir destas colunas, os comunistas, utilizando-se da dialética de Hegel, passaram a aplicar os seus princípios a todos os campos das atividades humanas: histórico, econômico, político e social.

Eis o que o filósofo brasileiro Dionísio Aranzadi escreveu sobre o ateísmo comunista: "Deus não existe para o marxismo.

E não contentes com negar sua existência, os marxistas odeiam e perseguem esse Ser, que para eles não existe. Todo comunista é por definição, ateu e anti-religioso. A religião é para Marx, o ópio que faz com que o povo permaneça em estado letárgico e esqueça as misérias da terra. Eliminando Deus, desaparece a idéia de uma lei moral e de um prêmio ou castigo para os cumpridores ou violadores dessa lei. O único céu é o paraíso soviético, do qual desfrutarão, em um futuro não distante, as gerações comunistas".

O mesmo autor explica por que o Comunismo é também materialista: "A filosofia marxista sustenta que tudo o que existe é matéria, que o mundo é um ser necessariamente material e que nada existe além do limite alcançado por nossos sentidos. Não existem seres espirituais, tais como a alma, Deus, vida sobrenatural. A matéria, isto é, aquilo que pode ser pensado, apalpado e medido, é toda e a única realidade existente".

3. A dialética marxista

De acordo com o filósofo alemão Georg Wilhelm Friedrich Hegel (1770-1831), "a natureza verdadeira e única da razão e do ser, identificados um ao outro e definidos segundo o processo racional procedente da incessante união dos contrários – tese e antítese – resulta numa categoria superior: a síntese".

Lênin definiu a dialética comunista: "É o estudo das contradições dentro da própria essência das coisas". De forma bastante primária, os revolucionários comunistas consideram a classe patronal como a tese; a antítese seria o proletariado. Insuflando este contra aquela, e sempre com a presumida vitória deste, o resultado seria a síntese revolucionária, desdobrando-se num Estado ditatorialmente operário. Mostra a história, porém, que este sempre acaba por ser dirigido por uma oligarquia burocrática, hipócrita, discricionária, violenta e sempre ávida por saquear as riquezas nacionais.

4. A educação sob o regime comunista

Filosofia ditatorial e que, em nome dos operários, insufla revoltas sangrentas, crimes monstruosos e o ateísmo, o Comunismo suprime a liberdade intelectual e a livre educação. Todo o processo educativo, nos países marxistas, tem por objetivo promover o Estado em detrimento da nação.

Que diferença pode haver entre o Nazismo e o Comunismo? Dirão os incautos que o primeiro era direitista e o segundo esquerdista. Tais rótulos, contudo, são insuficientes para revelar que, ambos, em sua essência, são a mesma coisa. Houvesse diferença entre eles, Stalin não teria firmado aquele compromisso com Hitler quando este massacrava os eslavos da Polônia. Se um foi assassino, o outro foi homicida. Diante de Deus tanto o que mata à esquerda, quanto o que tira a vida à direita, são igualmente criminosos e abomináveis.

Os educadores russos, antagônicos à Palavra de Deus e às coisas espirituais, moveram uma bem urdida campanha contra a religião, a fim de que este ópio fosse, de uma vez por todas, extirpada não só da União Soviética como do próprio espírito humano. A Bíblia, porém, resistiu a todos os ataques; mostrou ser a bigorna de Deus, onde são castigados os regimes ateus e onde o orgulho dos ditadores é destruído. Onde se encontra, hoje, a União Soviética? Desapareceu como todos os regimes contrários a Deus.

5. A influência do Comunismo na educação brasileira

O Brasil deixou-se influenciar, em vários momentos de sua história, pelo Comunismo. O que dizer da Intentona Comunista de 1935? Este motim, que levou diversos militares a assassinar covardemente seus companheiros enquanto estes dormiam, não passou de um ato louco e irresponsável. E as marchas de Luis Carlos Prestes pelo interior do Brasil? Infelizmente, este utópico revolucionário é visto romanticamente por alguns historiadores, como romanticamente é também delineado o perfil de Ernesto Che Guevara e Fidel Castro.

Não fosse Deus, teríamos sido destruídos como as nações que, incautamente, se deixaram induzir pela filosofia comunista. Haja vista Angola. Obtida a sua independência em relação a Portugal, este país africano, apesar de suas formidáveis riquezas naturais, foi lançado numa miséria tão grande que, hoje, não passa de um povo mutilado e faminto. Os angolanos entregaram-se à Rússia e a Cuba, países estes que nem para os seus próprios problemas acharam solução.

Muitos foram os intelectuais brasileiros que, após uma rápida e superficial visita à Cuba dos anos 60 e 70, voltavam de lá como se tivessem visitado o país das maravilhas. Diziam eles que não podia haver país melhor nem sociedade mais planificada e justa. O que não sabiam é que, para manter aquele paraíso, a União Soviética lá injetava dez bilhões de dólares por ano. Uma soma tão vultosa que, hoje, nenhum organismo internacional se aventura a emprestar à pobre e falida Rússia. O objetivo dos comunistas era manter uma vitrine para assanhar os ingênuos revolucionários latino-americanos a derrubar os seus governos. Infelizmente, muitos destes, ao invés de administrar os seus povos com justiça e honradez, preferiam beneficiar uma elite a repartir as riquezas de forma mais equilibrada. De um lado a propaganda comunista, do outro, a tirania dos caudilhos.

Para conseguir seus intentos, os comunistas brasileiros, entre os quais grandes educadores, passaram a elaborar uma pedagogia, cujo objetivo era construir uma geração fria, incrédula, agressiva. Arnaldo Niskier, um dos mais lúcidos educadores brasileiros, discorre acerca dos métodos educacionais que os comunistas brasileiros passaram a utilizar de maneira velada, mas diabolicamente eficaz:

"A práxis marxista, no sentido de relações entre o homem, o trabalho e a natureza, assumiu no Brasil várias tendências: ora é a pedagogia do conflito, ora é a educação transformadora ou ainda a educação contestatória.

"Essas tendências surgiram como uma reação à chamada pedagogia do colonizador e contra a ideologia desenvolvimentista que caracterizou o Brasil há cerca de duas décadas.

"Os princípios marxistas de consciência crítica, de educação revolucionária e da capacidade do homem em poder transformar a natureza e a sociedade num 'salto para a liberdade', procuram concretizar-se na denominada educação popular.

"Além disso, os defensores da educação transformadora, ou que outro nome possa ter, atribuem à educação ou caráter essencialmente político, vinculando, inapelavelmente, as idéias às raízes sociais. Não mais a educação individualizada, mas a educação coletiva, com a politização dos conteúdos, o debate de questões sociais. Não a união de classes, mas a luta de classes para que se chegue à escola única.

"É inegável que toda fórmula educacional corresponde a uma ideologia e esta, como superestrutura, determina os rumos da escola, estabelecendo-se uma relação de poder.

"Seria visionário acreditar que essa relação de poder deixe de existir numa sociedade teoricamente sem classes, como querem os que defendem a educação transformadora. Seria a substituição de uma ideologia por outra, mantendo-se sempre a relação de poder, sob outra denominação.

"O que importa é incentivar a escola a assumir outro papel, saindo de sua posição acrítica e de espectadora para criar cidadãos conscientes e menos alienados".

Este ideal, preconizado por Niskier, ainda não foi alcançado. Não são poucos os pedagogos brasileiros que, numa visão acrítica, ainda acham o regime comunista o mais justo dos sistemas de governo. E, de quando em quando, mesmo sabendo da miséria que reinam nesses paraísos, fazem apologia do marxismo.

6. O Comunismo é contrário à Palavra de Deus

Jamais poderíamos aceitar o sistema educacional comunista, pois toda a filosofia que o rege é contrária a Deus e à sua Palavra. Se nos conformarmos com tal orientação, estaremos negando a fé em Cristo Jesus.

a) *O Comunismo é ateu.* A Bíblia, porém, afirma que só os tolos e desorientados ousam descrer da existência do Deus Único e Verdadeiro: "Disseram os néscios no seu coração: Não há Deus. Têm-se corrompido, fazem-se abomináveis em suas obras, não há ninguém que faça o bem" (Sl 14.1).

b) *O Comunismo é materialista.* A Bíblia, entretanto, garante que a vida do ser humano não se resume aos bens materiais: "O Reino de Deus não é comida nem bebida, mas justiça, e paz, e alegria no Espírito Santo" (Rm 14.17).

c) *O Comunismo, com a sua dialética, busca uma síntese, jogando os operários contra os patrões.* A Bíblia, no entanto, afirma que ambos podem viver pacificamente como irmãos em Cristo Jesus através da observância dos preceitos que nos deixou o Redentor, que não veio salvar apenas os pobres, mas também os ricos: "Vós, servos, obedecei a vosso senhor segundo a carne, com temor e tremor, na sinceridade de vosso coração, como a Cristo, não servindo à vista, como para agradar aos homens, mas como servos de Cristo, fazendo de coração a vontade de Deus; servindo de boa vontade como ao Senhor e não como aos homens, sabendo que cada um receberá do Senhor todo o bem que fizer, seja servo, seja livre. E vós, senhores, fazei o mesmo para com eles, deixando as ameaças, sabendo também que o Senhor deles e vosso está no céu e que para com ele não há acepção de pessoas" (Ef 5.5-9).

d) *O Comunismo é contra a propriedade privada, considerando-a uma ofensa ao Estado.* A Bíblia, todavia, é a favor da propriedade particular, porque a terra foi dada em herança ao ser humano. E todas as vezes que um potentado intenta apoderar-se da possessão de seus súditos é severamente repreendido por Deus (I Rs 21.1-19).

e) *O Comunismo idolatra o Estado em detrimento do cidadão.* A Bíblia, contudo, diz que não somente o Estado, mas a própria terra pertence a Deus (Sl 24.1). Portanto, não é o Estado que deve ser adorado, mas o Senhor Deus, porque Ele está acima de todos os potentados e governos: "Mas, ao fim daqueles dias, eu, Nabucodonosor, levantei os meus olhos ao céu, e tornou-me a vir o meu entendimento, e eu bendisse o Altíssimo, e louvei, e glorifiquei ao que vive para sempre, cujo domínio é um domínio sempiterno, e cujo reino é de geração em geração. E todos os moradores da terra são reputados em nada; e, segundo a sua vontade, ele opera com o exército do céu e os moradores da terra; não há quem possa estorvar a sua mão e lhe diga: Que fazes?" (Dn 4.34,35).

Como aceitar a orientação pedagógica comunista? Definitivamente, não pode haver qualquer comunhão entre o Cristianismo e o Comunismo. Nas Sagradas Escrituras, nada temos que lembre a ideologia marxista que tantas desgraças tem causado à humanidade.

V. O Relativismo Moral

A filosofia que hoje orienta nossas escolas é vazia de valores absolutos; relativista, induz o educando a portar-se de forma meramente utilitarista diante dos grandes problemas da vida. E isto tem levado à banalização da vida humana. Ora, se tudo é relativo; se tudo se acha esvaziado dos valores preconizados nas Sagradas Escrituras, o direito à vida também é relativo. E, assim, vão se perpetrando os maiores crimes em nome desse relativismo moral que eiva de iniqüidades desde os governos até às chamadas organizações não-governamentais.

1. O que é o relativismo moral

É a doutrina segundo a qual as verdades morais, religiosas, políticas e científicas, etc., variam de acordo com a época, o lugar, a sociedade e a capacidade aferidora do indivíduo.

2. Uma doutrina antiga

Embora seja nova a designação, a postura é tão antiga quanto à humanidade. Quando os filhos de Israel deixavam-se levar pelo relativismo caíam na apostasia. E os profetas, para corrigir semelhante distorção, exortavam os israelitas energicamente: "Ai dos que ao mal chamam bem e ao bem, mal! Que fazem da escuridade luz, e da luz, escuridade, e fazem do amargo doce, e do doce, amargo!" (Is 5.20).

Os ninivitas, pelo que depreendemos do texto sagrado, achavam-se contaminados por um relativismo moral tão virulento que desconhecia todo e qualquer parâmetro. O próprio Deus o atesta: "E não hei de eu ter compaixão da grande cidade de Nínive, em que estão mais de cento e vinte mil homens, que não sabem discernir entre a sua mão direita e a sua mão esquerda, e também muitos animais?" (Jn 4.7).

Como permitir que o relativismo moral oriente os currículos de nossas escolas? Em nome dessa filosofia, grandes crimes vêm sendo praticados: aborto, eutanásia, genocídio etc. E a permissividade moral? O adultério não é encarado como pecado; o homossexualismo é visto como uma mera opção comportamental; a corrupção de menores não é punida. Será que este modelo serve para o povo de Deus? Não! O povo de Deus não pertence a este mundo e, portanto, nada tem a ver com o que este chama de certo e errado (Jo 17.14-16). A Bíblia lida com valores absolutos; não tolera meias verdades. Portanto, que todos os nossos currículos tenham por base a Palavra de Deus.

Conclusão

É imprescindível ao educador cristão conhecer as bases teológicas sobre as quais repousa o magistério eclesiástico; sem este conhecimento não poderemos desempenhar a contento nossa tarefa; pois depende esta da intimidade que possuímos dos fundamentos da Educação Cristã.

Por conseguinte, temos de basear-nos na Palavra de Deus, e não em teorias que procuram deformar nossos jovens moral e espiritualmente. Que todos os nossos currículos tenham por base a Bíblia Sagrada.

QUESTIONÁRIO

1. O que é uma corrente filosófica?
2. Por que a filosofia é de fundamental importância à Educação?
3. O que é o naturalismo?
4. Quais as bases ideológicas do naturalismo?
5. O que é o nacionalismo?
6. Deus é contra as nações?
7. O que é o Comunismo?
8. Por que o Comunismo é contrário à Palavra de Deus?
9. O que é o relativismo moral?
10. Por que o relativismo moral é contrário à Palavra de Deus?

8

A Educação Cristã e o Currículo

Sumário

Introdução

Muita controvérsia tem-se levantado nos Estados Unidos acerca da influência cristã na grade curricular do ensino fundamental e médio. Até que ponto um currículo deve estar submisso à Bíblia? E os alunos de outras religiões? São obrigados a se acomodarem à orientação pedagógica de uma instituição que tem as Sagradas Escrituras como um de seus livros de texto?

Tais questões não se limitam aos meios acadêmicos. De vez em quando, são levadas aos tribunais, suscitando longos e apaixonados debates.

A elaboração de um currículo não é algo de somenos importância; demanda, em primeiro lugar, uma filosofia que influenciará a escolha de matérias, cujo conteúdo poderá fazer do aluno um membro solidário da sociedade, ou um predador de seu semelhante. Ora, se o currículo é tão importante às escolas públicas, quanto mais o é às instituições educacionais cristãs. Mas, o que é realmente um currículo?

I. O que É o Currículo

Procedente do latim, a palavra currículo significa literalmente correr. Significa também atalho e corte. Por que, em didática, veio esta palavra adquirir uma conotação tão particular? Talvez em razão de descrever a trajetória de um aluno durante sua formação escolar. Uma corrida cheia de conteúdos que, bem definidos e encadeados, conduzem o educando a um fim desejado.

Antonio Gilberto, um dos maiores educadores cristãos do Brasil, assim define o currículo: "É um grupo de assuntos constituindo um curso de estudos, planejado e adaptado às idades e necessidades dos alunos. Noutras palavras: é um meio educacional para atingir os objetivos do ensino".

O currículo pode ser definido também como a soma dos resultados da aprendizagem planejada e alcançada por uma instituição de ensino.

Não podemos chamar de currículo uma única matéria, nem diversas matérias sem afinidades ou sem encadeamento lógico entre si. O currículo, para fazer jus a esta nomenclatura, tem de se constituir num grupo de matérias ideologicamente orientadas, e que visem a formação integral do aluno na área do conhecimento por ele escolhida. Em seus *Princípios Básicos de Currículo e Ensino*, leciona a professora Dalila Sperb: "Currículo é tudo que acontece na vida de uma criança, na vida de seus pais e seus professores. Tudo que cerca o aluno, em todas as horas do dia, constitui matéria para o currículo. Currículo é o ambiente em ação. Currículo também significa planejamento de aprendizagem".

II. O Professor e o Currículo

Se estiver correto o significado literal da palavra *currículo*, achamo-nos diante de uma corrida que estressa todo aquele que faz carreira no magistério. A cada ano letivo a maratona se repete. Os professores recebem currículos que lhes suscitam, desde aquelas demandas justas e ponderáveis, até aquelas reclamações descabidas e nada lógicas. Um diz que o currículo foi elaborado por um pedagogo fantasma; outro acrescenta que este, além de fantasma, sequer conhece o mundo dos vivos; aqueloutro, abusando de sua imaginação, alega que o currículo jamais dará qualquer resultado, porquanto organizado no Olimpo da burocracia escolar onde somente alguns privilegiados são admitidos.

Os queixumes não terminam aí. Se o professor é da cidade, acha que o currículo é ideal para o campo; se do interior, supõe que o currículo é ótimo para a área urbana. Se do Norte, imagina que o currículo, trabalhado no Sul, não serve nem para o Sudeste. Se o professor é de esquerda, taxa o planejador educacional de direitista. Enquanto isto, vão os alunos sendo sacrificados no altar de uma educação carente e eivada de melindres.

Todavia, se esquece o professor de algo de suma importância; pedagógica e didaticamente, é ele o encarregado não apenas de aplicar o currículo como também de reescrevê-lo. O que isto significa? Contextualizar o currículo, adaptando-o à realidade dos alunos. Todo professor tem por obrigação reescrever o currículo, porque nenhum currículo é perfeito. Isto não significa, porém, mudar os fundamentos pedagógicos do currículo, ou apresentar um currículo substituto. Em pedagogia, reescrever é o ato didático de se adaptar um recurso educacional, a fim de que seja plenamente aplicável ao universo do educando.

A partir daí, haveremos de constatar que o pedagogo responsável pela elaboração do currículo não é aquele fantasma imaginado pelo professor que enfrenta o dia-a-dia das áreas urbanas, nem aquele espantalho assuntado pela professora da zona rural. Constataremos ser função desse especialista buscar uma síntese entre as diversas realidades que lhe são afetas para, em seguida, repassar os currículos aos professores para que estes os adaptem aos alunos. Se o professor não for capaz de proceder a esta adaptação é sinal de que ainda não compreendeu devidamente a sua missão.

Deve o professor, além disso, estar ciente de que ele é um intermediário entre o planejador educacional e os alunos. Nessa função, cabe-lhe adaptar, interpretar e contextualizar o currículo, tornando-o acessível ao corpo discente.

A responsabilidade do educador cristão é ainda maior; não se restringe à interpretação curricular. Tem ele por obrigação verificar se os currículos que lhe são confiados achamse de conformidade com a sã doutrina da Palavra de Deus. Que ele, pois, aja como os bereanos que, precavidos, iam conferindo a pregação de Paulo com as Sagradas Escrituras (At 17.11). Se o educador cristão não for vigilante; se não estiver atento aos modismos que, de quando em quando, surgem em nosso meio; se não souber distinguir a ortodoxia da heterodoxia; se não tiver condições de rastrear aquelas teologias falsificadas que enfraquecem os fundamentos de nosso edifício doutrinário; enfim, se não souber diferençar o joio do trigo, como poderá ele apresentar um currículo biblicamente sadio à classe?

Como intérprete dos currículos que lhe são confiados, o educador cristão precisa levar seus alunos a entender perfeitamente a linguagem teológica. Da Escola Dominical ao doutorado, nossos alunos são obrigados a entrar em contato com um vocabulário bastante singular. Cada doutrina bíblica exige, pelo menos, dois léxicos específicos: um bíblico e outro teológico. O primeiro não apresenta muita dificuldade; os autores sagrados foram divinamente inspirados a usar palavras universais para expressar verdades universais. Todavia, cada teólogo, apesar da universalidade da linguagem teológica, lança mão de uma terminologia própria para interpretar as doutrinas bíblicas. Aliás, alguns são de tal forma herméticos, que exigem um léxico apropriado para se interpretar a sua interpretação das Sagradas Escrituras. Bem-aventurados aqueles que, para entender a mensagem de Deus, vão primeiro às Escrituras. É claro que os teólogos devem ser consultados, mesmo porque são eles, desde que piedosos e tementes a Deus, os guardiães da verdadeira doutrina. Que o educador, por conseguinte, tenha familiaridade com os doutrinadores para interpretá-los corretamente, a fim de que nossas escolas venham a optar por currículos bíblicos, evangélicos, proféticos, eclesiásticos e que tragam utilidade prática.

Uma pergunta, todavia, precisa ser respondida: quem é o elaborador do currículo? Quem é este fantasma que tanto amedronta os professores? Antes de se conhecê-lo, é mister saber como a elaboração de um currículo é processada. A filosofia atrás de uma grade curricular é muito importante; desta está a depender a formação daqueles a quem Deus nos confiou.

III. A Filosofia que Orienta a Elaboração do Currículo

Desde a sua construção até à sua aplicação na sala de aula, o currículo percorre um longo caminho. Se assim, de forma cuidadosa e paciente, são elaborados os currículos das escolas seculares, como não deverão ser escritos os nossos? Neste tópico, veremos, em linhas gerais, como o currículo de uma escola pública é organizado. Tecnicamente, não há diferenças substanciais entre este currículo e os currículos utilizados pelos departamentos da Educação Cristã. Aliás, foi com base na experiência da escola laica que os educadores cristãos estabeleceram as bases pedagógicas de nossas diversas grades curriculares.

1. A filosofia do currículo

Todo currículo tem uma filosofia. Nos países democráticos, a liberdade e o respeito pelos direitos humanos; nos totalitários, a supremacia do Estado sobre o cidadão; nos fundamentalistas, a ideologia e a religião estatal; nos revolucionários, os ideais de um momento histórico. É com base numa filosofia que o governo orienta a elaboração dos currículos desde o jardim de infância até à universidade.

Se nos Estados Unidos as escolas ensinam os alunos o valor da liberdade, o respeito à pessoa humana e a reverência às coisas espirituais, na China são todos forçados a ter o Estado como o senhor de quanto existe. Acredito que Thomas Hobbes tinha em mente países como a China e a ex-União Soviética ao descrever o Estado como aquele terrível leviatã que a tudo devora e a tudo destrói.

A diferença entre ambas as filosofias não são meramente formais. Os americanos deixam-se orientar pelas Sagradas Escrituras; os chineses, pelo marxismo ateu – intolerante, arbitrário e assassino. O que dizer da Revolução Cultural promovida por

Mao Tse Tung? O "camarada" Mao mandou prender, torturar e matar cem milhões de pessoas durante o seu governo. Infelizmente, não são poucos os ocidentais que ainda estão a se deleitar com o seu *Livrinho Vermelho.*

E a bizarrra revolução do Camboja? Pol Pot, buscando aplicar radicalmente os princípios da revolução comunista em seu pobre e infelicitado país, deslocou cidades inteiras para as áreas rurais, numa caminhada que ia dizimando milhares de homens, mulheres e crianças. Queria ele que todos fossem agricultores, por considerar o amanho do solo a única atividade digna de um revolucionário. E, assim, acabou por destruir a pouca reserva intelectual da nação. Terminada aquela sandice, mais de dois milhões de pessoas jaziam sem vida nos campos e, nem por isso, aquele arremedo de reforma tornou o chão cambojano mais fértil.

Como os cristãos haveremos de aceitar uma filosofia educacional como essa? Como nos conformar com semelhante pedagogia?

No âmbito da Educação Cristã, não se tem propriamente uma filosofia, mas uma teologia centrada na Bíblia. Se a filosofia é especulativa, a teologia é revelada; se aquela comporta as mais extravagantes interpretações, destaca-se esta pelo equilíbrio; se a primeira muda com o tempo, a segunda, apesar das roupagens culturais, é imutável. Pode se alterar uma filosofia, mas não a teologia. Eis porque a Teologia da Educação Cristã é superior a todas as filosofias educacionais.

Poderá alguém perguntar: Se a Teologia da Educação Cristã é una, por que cada denominação evangélica tem uma teologia particular? Parafraseando Agostinho, podemos dizer que, no básico e essencial, todos nos achamos de acordo; nas questões pequenas, há divergências perfeitamente administráveis; não comprometem o edifício teológico da educação. O importante é que, tendo por fundamento a Bíblia Sagrada, podem nossos educadores estabelecer os diversos currículos de que carece a Igreja para desenvolver-se plenamente. Tanto os currículos da Escola Dominical quanto os dos outros departamentos da Educação Cristã são elaborados a partir da Palavra de Deus. Caso contrário: não é educação cristã. Não podemos abrir mão da ortodoxia bíblica.

IV. O Elaborador de Currículo

A elaboração do currículo não é um vôo solo; é um trabalho de equipe que demanda diversas coisas: uma filosofia, um planejamento educacional, um planejamento curricular, um planejamento de ensino, um planejamento de unidade e um plano de aula, tendo-se em vista, sempre, os objetivos do ensino.

Para entendermos como os currículos são elaborados no âmbito da Educação Cristã, tomaremos como exemplo o processo adotado pela educação secular; tecnicamente, não há diferenças entre esta e aquela.

Na rede oficial e particular de ensino, o planejamento educacional fica a cargo do Ministério da Educação. O planejamento curricular é tarefa da escola; o planejamento de ensino, de unidade e o plano de aula são função do professor. Este, como já dissemos, também tem a missão de reescrever e adaptar o currículo que lhe confia a escola. Mas tudo isso não seria possível sem o trabalho árduo e, às vezes, pouco reconhecido, do elaborador do currículo que, em última instância, é um pensador e intérprete da educação.

1. Quem é o elaborador do currículo

É o orientador pedagógico. Em linhas gerais, ele comanda a equipe responsável pelo planejamento educacional.

2. A função do orientador pedagógico

Orientado pela Lei de Diretrizes e Bases do Governo Federal, este profissional elabora os currículos que, discutidos e aprovados pelo Conselho Federal de Educação, são por este repassados aos conselhos estaduais de educação que, por seu turno, enviam-nos às instituições públicas e particulares de ensino.

Os orientadores pedagógicos do Conselho Federal de Educação, órgão este subordinado ao Ministério da Educação e Cultura, elaboram currículos com base na realidade global do país, sem detalhar as particularidades de cada região. Eles apresentam um currículo padrão que será adaptado pelos conselhos estaduais de educação e pela direção de cada escola às realidades sociológicas regionais.

As denominações evangélicas, seguindo o modelo adotado no país, começaram a criar, nas últimas décadas do Século XX, seus Conselhos de Educação Religiosa, a fim de levar a Educação Cristã a cumprir integralmente suas metas. À semelhança do que ocorre nos órgãos governamentais e instituições particulares, também temos nossas diretrizes e bases, e contamos com a ajuda profissional de competentes orientadores pedagógicos.

V. As Características do Currículo da Educação Cristã

O currículo utilizado pela Educação Cristã em seus vários departamentos, embora tecnicamente idêntico ao das escolas seculares, possui algumas particulares que não podem jamais ser ignoradas pelo magistério eclesiástico. Nosso currículo tem de ser bíblico, evangélico, profético, devocional, e tem de levar o cristão a ser um membro útil da sociedade, a fim de que, através de seu testemunho, possa glorificar o nome de Deus.

1. Um currículo bíblico

Evangélicos, temos a Bíblia Sagrada como a inspirada, inerrante e infalível Palavra de Deus – nossa única regra de fé e prática. Como não poderia deixar de ser, os currículos de todos os departamentos da Educação Cristã têm de ser, necessariamente, bibliocêntricos. Ou seja: haverão de ter a Bíblia como a autoridade final e máxima. Nenhuma orientação filosófica, ideológica e até mesmo teológica pode estar acima da Palavra de Deus. Ela é soberana!

2. Um currículo evangélico

Além de bíblico, nossos currículos apresentarão o Senhor Jesus como o Salvador da humanidade. Se não o fizerem, embora bíblicos, estarão incompletos. Há currículos bíblicos vazios do Evangelho. O que dizer dos utilizados pelos judeus? São bíblicos? Todavia, combatem a doutrina evangélica, por desconsiderarem a Jesus como o Filho de Deus e o Messias de Israel.

Que os nossos currículos mencionem a obra de Cristo no Calvário e a sua eficácia na transformação completa do homem numa nova criatura!

3. Um currículo profético

Nossos currículos, para serem completos, têm de ser igualmente proféticos. Falarão à nossa geração, reconduzindo-a a Deus, e mostrando-lhe as reivindicações da Bíblia Sagrada. Apesar de técnicos, não devem estar mumificados numa escolástica irrelevante e especulativa; têm de ser vivos.

Os currículos da Educação Cristã não podem se limitar à correção bíblica e evangélica; têm de ser relevantes e proclamar a Cristo à nossa geração. Há currículos que, apesar de biblicamente perfeitos e evangelicamente corretos, não possuem a suficiente unção do Espírito Santo para mudar situações. A pergunta, aqui, faz-se inevitável: a Bíblia, por si mesma, já não é suficiente? Todavia, se não for proclamada na unção do Espírito de Deus, pouca diferença fará em nossa sociedade. Haja vista a Igreja Católica e não poucas igrejas protestantes que, embora tenham a Bíblia, da Bíblia se divorciaram. Elas não possuem o poder de João Hus, Savonarola e Martinho Lutero. Os fariseus também se diziam repositórios das Sagradas Escrituras; todavia, por causa de suas entediantes tradições, eram desprovidos da autoridade divina para transmitir a mensagem das Escrituras à sua geração.

Por conseguinte, não permitamos que a tecnicidade do currículo acabe por sufocar-nos a relevância profética que a Palavra de Deus demanda de cada um dos componentes do magistério cristão. O currículo tem de ser tecnicamente perfeito; mas, que também seja profeticamente transformador.

4. Um currículo devocional

O currículo não pode ser apenas informador; tem de ser, acima de tudo, formador. Se o aluno sair da Escola Dominical, ou de um seminário bíblico, apenas mobiliado intelectualmente, a Educação Cristã não terá alcançado seus objetivos em relação a este educando; pois este terá de ser conduzido, pelo educador cristão, a manter uma estreita comunhão com o seu Salvador. Eis porque nossos currículos precisam estar comprometidos devocionalmente com cada um dos membros do corpo discente.

Devocionalmente sadios, os educandos tornar-se-ão uma bênção tanto para as suas igrejas quanto para a sociedade.

Conclusão

Um currículo bíblico, evangélico, profético e devocional. Este é o grande desafio da Educação Cristã, cujo alvo supremo é conduzir o homem, através do Evangelho de Cristo, à perfeição espiritual. Não podemos, sob hipótese alguma, nos conformar aos currículos que, desprezando a Deus e menosprezando a supremacia de sua Palavra, dão mais valor ao intelecto do que à alma. E o resultado não poderia ser mais desastroso.

Que o objetivo de nossos currículos seja levar o homem a Deus, e que o homem seja transformado diariamente à imagem de Cristo, pelo Espírito Santo, conforme está declarado em 2 Co 3.18. Se esta meta não for alcançada, falharemos em nossa missão de educadores. Por conseguinte, repensemos cada etapa de nossos currículos. E que este cuidado pedagógico resulte na salvação de milhões de preciosas almas.

QUESTIONÁRIO

1. O que é o currículo?
2. Que significa a palavra currículo?
3. Qual deve ser o relacionamento do professor com o currículo?
4. Qual o fundamento do currículo?
5. Como deve ser o currículo em relação ao aluno?
6. Como devem ser os currículos da Educação Cristã?
7. Qual o objetivo maior do currículo cristão?
8. Por que o currículo cristão deve ser bíblico?
9. Por que o currículo cristão dever evangélico?
10. É possível ter um currículo bíblico sem ser evangélico?

9

O Magistério Eclesiástico

Sumário

Introdução

Cristo estabeleceu a Igreja para que esta educasse o mundo no conhecimento de Deus. Não pode haver tarefa mais sublimada! Foi o que disse Agostinho: "Não se pode prestar melhor serviço a um homem do que conduzi-lo à fé em Cristo; em conseqüência, nada há mais agradável a Deus do que ensinar a doutrina cristã". Deste labor está a depender a salvação de bilhões de pessoas ao redor do mundo. Se a Igreja desconsiderar tal missão, como haverá de ser Igreja? Ela avançará, ou haverá de regredir, na exata proporção em que se consagrar aos itens da Grande Comissão que o Senhor Jesus nos confiou.

Se a tarefa educacional da Igreja é incomensurável, incomensuráveis também são os poderes que o Senhor Jesus lhe reservou. Que outra organização possui recursos tão extraordinários? Ela conta com os dons espirituais; tem os dons de serviço; e é detentora dos dons ministeriais. Todos esses formidáveis apoios lhe são acessíveis; seu trabalho, realizado na esfera espiritual, exige tenha ela suficientes capacitações para lutar contra o inferno.

Neste capítulo, estaremos considerando o magistério carismático da Igreja. Através deste, a Igreja de Cristo mostra por que é a comunidade educadora por excelência do Reino de Deus.

I. O que É o Magistério Eclesiástico

Os primeiros mestres da Igreja desconheciam os fundamentos da pedagogia secular, ignoravam a didática usada nas academias gregas, e quase nenhuma noção tinham dos métodos utilizados pelos educadores romanos. Em termos formais, sequer poderiam ser comparados aos mais simples dos professores de Atenas e de Roma. Foram, todavia, mais eficientes do que todos os pedagogos daquela brilhante civilização. Revestidos pelo poder do Espírito Santo, realizaram uma obra pedagógica jamais imaginada. Lecionaram de Jerusalém à capital do Império Romano, fazendo discípulos e transformando em novas criaturas os mais pervertidos dos pecadores.

1. O que é o magistério carismático da Igreja

É o exercício da autoridade que a Igreja recebeu do Senhor Jesus de ensinar todas as nações, levando-as a reconhecer a Deus como o Ser Supremo e Único por excelência, e a Cristo Jesus como o Único e Suficiente Salvador da humanidade.

O magistério da Igreja é carismático, pois composto pelos que recebem um destes dons ministeriais: apóstolos, profetas, evangelistas, pastores e doutores. Através destes recursos, a Igreja de Cristo proclama, anuncia, discipula e leciona de forma sobrenatural para, sobrenaturalmente, levar a todos a compreender e a aceitar o conhecimento divino.

2. Os componentes do magistério carismático da Igreja

Paulo assim discorre sobre o magistério carismático da Igreja de Cristo: "E ele mesmo deu uns para apóstolos, e outros para profetas, e outros para evangelistas, e outros para pastores e doutores, querendo o aperfeiçoamento dos santos, para a obra do ministério, para edificação do corpo de Cristo, até que todos cheguemos à unidade da fé e ao conhecimento do Filho de Deus, a varão perfeito, à medida da estatura completa de Cristo, para que não sejamos mais meninos inconstantes, levados em roda por todo vento de doutrina, pelo engano dos homens que, com astúcia, enganam fraudulosamente" (Ef 4.11-14).

Há outra lista do magistério carismático: "E a uns pôs Deus na igreja, primeiramente, apóstolos, em segundo lugar, profetas, em terceiro, doutores" (1Co 12.28). Tanto na lista de Efésios, como na de Corinto , os apóstolos ocupam a preeminência, por serem eles os responsáveis pela edificação doutrinária da Igreja de Cristo.

3. A finalidade do magistério carismático da Igreja

O magistério eclesiástico tem por finalidade educar sobrenaturalmente o ser humano, porque este, em virtude das influências demoníacas, somente será levado a crer em Cristo através de um ensinamento que o faça sentir todo o impacto da Palavra Deus (2 Co 4.4). Haja vista o ministério de Paulo. A proclamação que ele fazia do Evangelho de Cristo era referendada de modo único e especial: "Os sinais do meu apostolado foram manifestados entre vós, com toda a paciência, por sinais, prodígios e maravilhas" (2 Co 12.12). Ver ainda o testemunho da Palavra de Deus acerca do ministério de poder de Paulo em At 19.11; Rm 15.19; 1 Co 2.4,5; 2 Co 10.3-5.

II. Os Apóstolos – O Fundamento Magisterial da Igreja de Cristo

Se até Malaquias os profetas detinham incontestável autoridade e infalibilidade para proclamar e registrar, canonicamente, a Palavra de Deus, esta atribuição, no Novo Testamento, pertence aos 12 apóstolos. Além destes, cabe mencionar Paulo, Lucas, Marcos, Tiago e Judas. Marcos foi referendado por Pedro (1Pe 5.13); Lucas foi avalizado por Paulo (Cl 4.14) que, por seu turno, contou com o respaldo de todos os apóstolos (Gl 2.9); Tiago, irmão do Senhor, teve a sua autoridade reconhecida por toda a Igreja Primitiva, inclusive pelos doze (At 15.13); Judas, também irmão do Senhor, estava sempre em companhia dos apóstolos (At 1.14).

Quanto a Paulo, o apóstolo Pedro coloca-lhe as cartas em pé de igualdade com as demais Escrituras (2 Pe 3.15). Era ele doutor dos gentios e profeta (1 Tm 2.7; 4.1-5). Não são poucos os que o consideram a personagem mais importante do Cristianismo depois do Senhor Jesus. Cristo é o original; Paulo é a cópia.

1. O que é o apóstolo

Originária do grego, a palavra apóstolo significa enviado. O apóstolo é a autoridade máxima do ministério cristão; é uma perfeita síntese de profeta, evangelista, pastor e doutor na Palavra. É o único obreiro sobrenaturalmente habilitado pelo Espírito Santo a atuar em todas as áreas do ministério cristão.

No Novo Testamento, como já vimos, há dois grupos de apóstolos: o grupo dos doze, conhecidos também como os apóstolos do Cordeiro (Mt 10.1-4; Ap 21.14); e os apóstolos que, chamados posteriormente, saíram a fundar igrejas desde Antioquia até aos confins da terra (At 14.14; Rm 16.7).

2. A missão singular dos doze apóstolos

Com respeito à missão singular dos doze apóstolos, assim discorre Estêvam Ângelo de Souza, um dos maiores teólogos pentecostais do Brasil:

"Os doze apóstolos foram privilegiados pelo fato de serem testemunhas diretas:

"1. Dos ensinos de Jesus, ouvindo-o, dialogando e interrogando-o naquelas oportunidades, que só eles tiveram, o que ocasionou as explicações de ensinos difíceis de entender, como entre outros, as parábolas do semeador e do joio, que poderiam ser objeto de diferentes interpretações, se não houvessem sido explicadas pelo Mestre;

"2. Dos milagres operados por Cristo, em afirmações unânimes, coerentes, exatas e seguras, como pela providência divina, para preservação da veracidade histórica dos seus feitos, como credenciais do seu ministério divino, ante as tentativas dos incrédulos e materialistas, de negarem a origem sobrenatural dos milagres do Senhor Jesus.

"3. Da sua ressurreição, em condições tais que Lucas, depois de acuradas investigações dos fatos, junto aos que foram deles testemunhas oculares (Lc 1.2,3), afirma que Cristo '...se apresentou vivo, com muitas provas incontestáveis, aparecendo-lhes durante quarenta dias e falando das coisas concernentes ao reino de Deus' (At 1.3,4)"

"O privilégio de conversar com Cristo, antes e depois da morte, na sua humilhação e glorificação, coube exclusivamente aos doze apóstolos. Neste particular, os doze não tiveram substitutos. Estes privilégios não os tiveram outros chamados apóstolos posteriormente.

"Por estes motivos, como memorial eterno, estarão gravados nos doze fundamentos da muralha da Nova Jerusalém '...os doze nomes dos doze apóstolos do Cordeiro' (Ap 21.14), e assentar-se-ão '...em tronos para julgar as doze tribos de Israel' (Lc 22.30). Este juízo será baseado na doutrina que receberam diretamente do Filho de Deus e transmitiram aos seus contemporâneos".

Mattew Henry escreve mui apropriadamente: "Os doze discípulos, os primeiros enviados por Cristo, são eminentemente chamados apóstolos; sãos os primeiros ministros de Estado do seu Reino".

Labora em grave erro a Igreja Católica ao afirmar que o papa é o legítimo representante do apóstolo Pedro. Trata-se de uma apropriação indébita; não existe nenhum sucedâneo quer de Pedro quer de outro integrante do colégio apostólico de Cristo. Também não existe nenhum substituto para os profetas do Antigo Testamento. Os profetas e apóstolos bíblicos foram santificados por Deus para atuarem de forma única e singular; sua sucessão é contrária ao espírito da Palavra de Deus. Os que se arrogam como seus substitutos estão a cair em apostasias e rebeliões contra o Senhor.

3. As atribuições do apóstolo

Sendo o mais representativo integrante do ministério da Igreja, tem o apóstolo as seguintes atribuições:

a) *Estabelecer igrejas transculturais.* O apóstolo não se limita a proclamar o Evangelho de Cristo; ele dá prosseguimento ao discipulado até que os novos convertidos venham a adquirir todas as características intrínsecas da Igreja (At cap. 13; 20.21).
b) *Edificar doutrinariamente a Igreja.* É o ensino persistente e sistemático das doutrinas bíblicas, mostrando a realidade do Deus Único e Verdadeiro e de seu Unigênito – Jesus Cristo Nosso Senhor (At 20.27).
c) *Constituir o magistério nas diversas igrejas,* a fim de que estas sejam em tudo edificadas até que os santos cheguem a estatura de perfeitos varões (Tt 1.5; Ef 4.12-15).

4. Os apóstolos atuais

Embora não sejam mais conhecidos por esta nomenclatura, os apóstolos podem ser encontrados em todos os grandes empreendimentos missionários. Este dom ministerial não se limitou ao Novo Testamento. É claro que ninguém pode arrogar-se como substituto dos doze apóstolos por serem estes um grupo único e sem sucedâneos. Todavia, não podemos negar a existência dos apóstolos; sem estes, seria impossível edificar uma igreja segundo as reivindicações bíblicas.

III. Os Profetas – A Proclamação Sobrenatural

Os profetas não se limitaram aos tempos bíblicos; prosseguem a exercer o seu ministério na Igreja de Cristo, levando-a a se preservar num mundo que jaz no maligno, e exortando-a a cumprir sua missão como a agência por excelência do Reino de Deus. Escreve o pastor Donald Stamps:

"Os profetas continuam sendo imprescindíveis ao propósito de Deus para a igreja. A igreja que rejeitar os profetas de Deus caminhará para a decadência, desviando-se para o mundanismo e o liberalismo quanto aos ensinos da Bíblia. Se ao profeta não for permitido trazer a mensagem de repreensão e de advertência denunciando o pecado e a injustiça e proclamando a santidade de Deus, então a Igreja já não será o lugar onde se possa ouvir a voz do Espírito. A política eclesiástica e a direção humana tomarão o lugar do Espírito".

1. O que é o profeta

Tanto em hebraico quanto no grego, a palavra profeta significa aquele que fala em lugar de outrem. Era o porta-voz autorizado de Deus, cuja função básica era proclamar a sua vontade, levando o povo a aceitar incondicionalmente suas reivindicações.

2. Diferenças entre os profetas do Antigo Testamento e os da Igreja.

Os profetas do Antigo Testamento tinham como atribuição apregoar e escrever a Palavra de Deus de modo inspirado, inerrante e infalível. Eram, por conseguinte, mestres infalíveis da revelação divina. Os profetas que, hoje, atuam na Igreja, não podem ser equiparados aos da Antiga Aliança. Além disso, acham-se eles desprovidos da autoridade canônica; estão desautorizados a registrar e a escrever revelações, a fim de que sejam estas inclusas no cânon sagrado. Portanto, qualquer profeta que se apresente à Igreja com tais pretensões deve ser de imediato repreendido. Caso contrário: subverterá os santos, levando-os à apostasia. Afinal, na gênese de toda heresia, encontra-se um falso profeta e um mestre falsificado.

3. Diferenças entre o dom profético e o ministério profético

Há que se estabelecer uma nítida distinção entre os que detém o ministério profético dos que possuem o dom da profecia. Estes não têm como encargo dirigir a Igreja; estaticamente, são usados apenas para exortá-la, consolá-la e edificá-la (I Co 14.3). Ao passo que aqueles, à semelhança do que ocorria em Antioquia, são usados para orientar ministerialmente o Corpo de Cristo, incitando-o a cumprir a sua missão de Igreja (At 13.1).

No capítulo 21 de Atos dos Apóstolos, encontramos ambos os dons: o dom profético e o dom do ministério profético. O dom profético, quem o possuía, eram as filhas do evangelista Filipe (At 21.9). Neste mesmo episódio, apresenta-se o profeta Ágabo que, chegado da Judéia, entregou o seguinte enunciado ao apóstolo Paulo: "Isto diz o Espírito Santo: Assim ligarão os judeus, em Jerusalém, o varão de quem é esta cinta e o entregarão nas mãos dos gentios" (At 21.11). Por conseguinte, as moças não tinham o ministério profético apesar de profetizarem; o ministério profético era exercido por Ágabo.

A primeira manifestação do ministério profético na Igreja, temo-la em Antioquia: "Naqueles dias, desceram profetas de Jerusalém para Antioquia. E, levantando-se um deles, por nome Ágabo, dava a entender, pelo Espírito, que haveria uma grande fome em todo o mundo, e isso aconteceu no tempo de Cláudio César" (At 11.27,28). Foi ainda em Antioquia, onde operava plenamente o magistério carismático, que o Senhor Jesus levantou Saulo e Barnabé para a obra missionária. Mais tarde, o mesmo Ágabo, num enunciado que bem lembrava os profetas do Antigo Testamento, alerta a Paulo sobre a sua prisão em Jerusalém (At 21.10-12).

Insurgem-se contra a verdade os que, pelo fato de possuírem o dom profético, querem dirigir a Igreja; esta não é administrada pelos dons espirituais e, sim, pelos dons ministeriais (I Co 14.37).

4. A manifestação do magistério profético

A manifestação deste dom ministerial dá-se, via de regra, durante um sermão, ou homília, onde o ministro da palavra é tomado com tal autoridade que, ante a congregação, já não fica nenhuma dúvida acerca da procedência da mensagem. É aquilo que chamamos de sermão profético.

Poderá alguém rebater, dizendo que o magistério profético está longe dos padrões da boa didática. Entretanto, a própria didática preceitua que a exposição de uma aula pode variar quanto ao método. Alguns lecionam através de conferências elegantes e bem delineadas; outros, por intermédio de perguntas e respostas; outros ainda, por meio de recursos dramáticos. Há aqueles que preferem a dinâmica de grupo, como há os que optam pelos recursos audiovisuais. Não podemos nos esquecer dos professores que elegeram o método discursivo para expor suas aulas. Ora, por que não considerar o profeta um legítimo representante do magistério eclesiástico? É tão eficaz este método que, através dele, Jerônimo Savonarola levou toda uma cidade à penitência. Diz a história que os florentinos madrugavam para ouvir os sermões proféticos daquele servo de Deus. Que professor, hoje, tem alunos tão assíduos e tão madrugadores?

IV. Evangelistas – A Mensagem da Cruz Proclamada Com Autoridade

Todos recebemos a incumbência de evangelizar. No entanto, há um grupo específico de obreiros que possui um dom de tal forma maravilhoso e de tal modo singular que os leva a proclamar o Evangelho de Cristo de forma irresistível.

O evangelista, via de regra, não cuida do discipulado; sua tarefa limita-se a falar de Cristo e, quando muito, batizar. Ele semeia; o apóstolo rega com a doutrina; o pastor vai, amorosamente, cuidando da plantinha até que esta venha a crescer, a enflorar e a frutificar (At 8.5-17).

Em que sentido, podemos identificar o evangelista com um professor? Formalmente, talvez em nada lembre um pedagogo. No entanto, é ele um mestre consumado; com uma só matéria consegue ensinar verdades que a maioria dos mestres sequer conseguira ministrar com a mais ambiciosa das grades curriculares. Ele só ensina uma matéria; é o suficiente para transformar ignorantes impenitentes em sábios. Tem a sua mensagem, não raro, apenas uma frase: "Arrependei-vos e crede no Evangelho". Bastam, porém, estas palavras repassadas com a unção do alto para trazer o Reino de Deus à terra, e desfazer os reinos da terra com o sopro do céu.

O evangelista é ainda aquele mestre que, intensivamente, ministra as verdades de Deus, levando os pecadores a se arrependerem de seus pecados. Infelizmente, este ministério vem decaindo em muitas igrejas. É hora de se rogar ao Senhor Jesus venha despertar o dom sobrenatural e divino de evangelista, suscitando a Igreja a cumprir cabalmente sua missão educadora e proclamadora.

V. Pastores - O Mestre Sempre Presente

Cuidar do rebanho é tarefa que requer um dom especial. Além das aptidões naturais; além da áurea de líder; além daquela paciência tão necessária; além do enlevo para se conduzir outros seres humanos; enfim, além de todos os dotes morais e intelectuais que alguém possa cultivar, é de fundamental importância que o homem destinado a cuidar do rebanho de Cristo possua o dom ministerial de pastor. Doutra forma, jamais será bem sucedido nesta área tão difícil do ministério cristão.

1. O que é o pastor

É o administrador que o Senhor Jesus, mediante a ação do Espírito Santo, coloca à frente de seu rebanho, a fim de educá-lo na Palavra de Deus, e conduzi-lo nos padrões preconizados no Novo Testamento.

2. A missão pedagógica do pastor

O pastor, além de administrador espiritual do rebanho, é aquele mestre solícito e amoroso que o crente tem à sua inteira disposição. Nem sempre a ovelha terá o profeta como mestre; este só haverá de se manifestar nos momentos de crise e de grandes decisões. Nem sempre contará com a assistência do apóstolo; este só intervirá nos casos em que se justifique uma ação mais enérgica para se reconduzir a Igreja nos padrões do Novo Testamento. Nem sempre terá o trabalho do evangelista; a missão deste é semear novas igrejas. Nem sempre terá a ajuda de um doutor; este, embora deva estar permanentemente na congregação, é mui solicitado a dar assistência a outros rebanhos. O pastor, contudo, está permanentemente com o rebanho. Em sua lide, desdobra-se ensinando, evangelizando, confirmando as ovelhas e proclamando a Palavra de Deus. O pastorado, quando realmente ungido por Deus, é um magistério que se vê obrigado, em virtude das urgências do rebanho, a desdobrar-se em vários ministérios.

O pastorado é um magistério completo. Compete ao administrador do rebanho de Cristo educar não somente os crentes como também os infiéis. Eis porque alguns teólogos dizem que o pastor e o doutor são, na verdade, um único dom e um único magistério. Eis porque Paulo houve por bem requerer esta qualidade dos pastores: apto para ensinar (1Tm 3.2).

VI. Doutor – O Especialista Espiritual na Palavra de Deus

Este é o dom ministerial que dispensa títulos e graduações universitárias. Isto não significa, porém, seja a formação acadêmica nociva ao serviço cristão. O ideal seria unir a educação universitária a este dom específico. Graças a Deus, porque muitos são os obreiros que, além de seus extensos currículos universitários, possuem aquele carisma que fez a glória teológica da Igreja de Cristo desde que fundada no Pentecostes.

O apóstolo Paulo, por exemplo, foi um homem que soube como harmonizar este maravilhoso dom a uma admirável educação acadêmica. Era o obreiro perfeito àquele momento de formação da Igreja.

1. Quem é o doutor na Palavra de Deus

É o obreiro dotado pelo Espírito Santo com o dom específico para apreender o real significado dos mistérios divinos. Nesta tarefa, não precisará ele das operações de nosso intelecto como, por exemplo, a indução e a dedução. Pois, iluminado pelo Espírito Santo, descobre os mistérios de Deus de forma espiritualmente intuitiva.

2. A tarefa do doutor

Sob a iluminação do Espírito Santo, é tarefa do doutor interpretar textos difíceis e tidos como obscuros das Sagradas Escrituras, aplicar os ensinamentos destas à Igreja, e discernir o que realmente disseram os profetas e apóstolos. Em Antioquia, foram certamente os doutores que, com base nos itens da Grande Comissão, levaram a igreja a se lançar naquele grande empreendimento missionário transcultural. Trabalhando concordemente com os profetas, despertaram o dom apostólico que repousava em Barnabé e Saulo (At 13.1-3).

3. Iluminação e inspiração

O dom ministerial de doutor tem como matéria-prima a iluminação do Espírito Santo. O obreiro é iluminado a apreender os mistérios de Deus. Ele, diferentemente de Paulo e dos demais escritores sagrados, não precisa da inspiração única e singular que possuíam estes, pois tudo o que tinha de ser escrito já o foi. Isto não significa, porém, que um doutor, um profeta, um evangelista ou apóstolo esteja proibido de escrever. Suas obras, contudo, jamais poderão ser equiparadas com a Bíblia Sagrada, pois esta já se acha completa (Ap 22.18).

4. O apóstolo Paulo como doutor

O apóstolo Paulo não somente foi inspirado a escrever a maioria dos livros do Novo Testamento, como também foi iluminado a compreender perfeitamente os grandes mistérios de Deus concernentes ao Cristianismo. Há que se observar que Daniel, conquanto igualmente inspirado a escrever aquela maravilhosa porção profética do Antigo Testamento, não teve a iluminação para entender algumas das mensagens que registrava (Dn 12.8). Paulo não teve de enfrentar tais limitações; como doutor dos gentios teve acesso a coisas que sequer foram registradas, porquanto altas demais para serem cogitadas pelo ser humano (2 Co 12.4).

O mais surpreendente mistério revelado a Paulo foi a natureza da Igreja como corpo de Cristo. Até então, pensavam os judeus cristãos que a Igreja não passava de um mero apêndice do judaísmo e, nessa condição, deveria permanecer. Paulo, contudo, mostra que a Igreja tem um caráter universal; formada por judeus e gentios, era o cumprimento das promessas feitas por Deus aos profetas (Ef 3.1-9). Mistério este, aliás, que não foi apreendido de maneira ampla pelos demais apóstolos. Haja vista a celeuma criada em torno da evangelização dos gentios.

Depois de Jesus, que era e é a mesma sabedoria, o maior mestre do Cristianismo foi Paulo. Roguemos ao Senhor continue a dispensar este indispensável dom aos seus obreiros, a fim que sejamos instruídos devidamente na Palavra de Deus.

Conclusão

Neste capítulo, ocupamo-nos exclusivamente do magistério carismático da Igreja. Todavia, não podemos nos esquecer daqueles obreiros que, embora sejam detentores dos dons acima mencionados, afadigam-se na ministração da Palavra de Deus. Encontram-se, aqui, muitos professores de Escola Dominical e de seminários. Embora não possuam dons ministeriais, têm eles a obrigação de ser espirituais e ensinar com zelo e correção a Palavra de Deus. Pois, de uma forma ou de outra, fazem eles parte do magistério da Igreja. Além disso, é obrigação de todo crente falar de Cristo e ensinar a todos os princípios do Evangelho.

Nem todos foram capacitados a ensinar de modo sobrenatural, mas todos podemos ministrar de maneira espiritual e devocional. O problema, aqui, não é de capacitação, mas de obrigação diante de Cristo, da Igreja e do mundo. Não podemos nos calar.

QUESTIONÁRIO

1. O que é o magistério carismático da Igreja?
2. Qual a função do apóstolo?
3. Qual a função do profeta?
4. Qual a função do evangelista?
5. Qual a função do doutor?
6. Qual a função do pastor?
7. Justifique as bases bíblicas do magistério eclesiástico.

10

A Formação Religiosa da Nacionalidade Brasileira

Sumário

Introdução

Até agora, limitamo-nos a estudar a natureza, os fundamentos e a finalidade da Teologia da Educação Cristã. Vimos, por exemplo, que o principal objetivo desta ciência bíblico-teológica é levar o educador cristão a refletir acerca do magistério eclesiástico. Nos próximos capítulos, a nossa reflexão não será apenas teológica; refletiremos também a respeito da formação religiosa do Brasil e sobre as várias tentativas de se evangelizar e educar nossa gente nos preceitos cristãos. Acredito que, a partir daí, teremos suficiente material para aplicar, com mais eficácia, os princípios da Educação Cristã relevante numa nação que, haja embora nascido sob o signo da cruz, esteve sempre distante do Crucificado.

Começaremos por examinar a sugestão que o escrivão da armada lusitana, Pero Vaz de Caminha, fez ao rei Dom Manuel, o Venturoso, de se evangelizar de imediato o Brasil. Portugal, contudo, achava-se mais preocupado com os lucros que lhe davam os novos achados e descobertas do que com as almas dos aborígenes.

Que evangelho, porém, haveria Portugal de anunciar neste quadrante do planeta? O evangelho que os colonizadores imprimiam às suas colônias nada tinha a ver com o evangelho proclamado pelos apóstolos do Cristo. O evangelho lusitano não passava de uma religiosidade mística, idolátrica e comprometida apenas com a expansão da Igreja Romana que, sentindo-se já incomodada pelos ventos reformistas que começavam a varrer a Europa, buscava outros enclaves e domínios.

I. A Sugestão de Pero Vaz de Caminha

Quando da descoberta do Brasil, o escrivão da armada portuguesa, Pero Vaz de Caminha, enviou uma carta a el-rei, narrando-lhe as venturas do novo achado. Parecendo não se entusiasmar com as estranhezas das possessões americanas, Caminha disse a Dom Manuel, o Venturoso, ser esta a única coisa que se poderia fazer neste recanto de mundo: dedicar-se à salvação dos gentios. Referia-se aos índios que os foram recepcionar naquele já distante 22 de abril de 1500.

Mais adiante, após demonstrar o seu espanto pelo primitivismo da gente brasílica, que "...nem sinal de cortesia fizeram, nem de [querer] falar ao capitão; nem a ninguém", volta a tocar na conversão dos índios: "Parece-me gente de tal inocência que, se nós entendêssemos a sua fala e eles a nossa, seriam logo cristãos, visto que não entendem crença alguma, segundo as aparências. E bem creio que, se Vossa Alteza aqui mandar quem entre eles mais devagar ande, que todos serão tornados e convertidos ao desejo de Vossa Alteza. E por isso, se alguém vier, não deixando logo de vir clérigo para os batizar; porque já então terão mais conhecimento de nossa fé, pelos dois degredados que aqui entre eles ficam, os quais hoje também comungaram".

II. A Sugestão que não Foi Devidamente Considerada

A história mostra que a sugestão de Caminha não foi devidamente considerada. Com as investidas dos corsários ingleses e franceses, conscientizou-se a coroa lusíada ser o Brasil uma fonte de inesgotáveis riquezas. Por que se preocupar com as almas dos gentios? Darão elas dividendos ao trono? Cristóvão Colombo, aliás, apesar do caráter religioso de suas expedições, já teria afirmado: "A melhor coisa do mundo é o ouro; é capaz de enviar almas aos céus." O que esta afirmação vem demonstrar? Que a principal motivação dos empreendimentos marítimos não era a expansão do Reino de Deus, mas a das possessões de Lisboa e Madrid. Por isto muito turbou-se Portugal com as incursões dos corsários às nossas costas. Para rechaçá-los e explorar economicamente a terra, ensaia alguns passos para ocupar as vastidões do Novo Mundo.

Em 1530 é encetada a primeira expedição colonizadora. Tendo à frente Martim Afonso de Souza, a expedição daria início ao povoamento efetivo das terras agora tão cobiçadas. Acompanhando Dom Martim, vem muita gente interessada no progresso daquele chão incipiente, rude e desconhecido. Passados dois anos, o rei Dom João III endereça-lhe uma carta, participando-lhe de sua intenção em dividir o Brasil em capitanias hereditárias. Pelas novas disposições, caber-lhe-ia São Vicente.

Corajoso e empreendedor, o nobre lusitano faz a capitania prosperar. Monta o primeiro engenho de açúcar no Brasil. Dá expressão aos povoados, e alento aos desbravadores que se dirigiam ao planalto de Piratininga. Ele demonstra ser a nova colônia uma terra viável e mais que promissora. Haja vista ter sido a sua capitania, juntamente com a de Pernambuco, a mais desenvolvida e produtiva.

Quanto à salvação da alma do gentio, só seria tratada 23 anos depois. Afinal, para as potências da época, a fé nada mais era que um pretexto para expandir o comércio.

III. A Chegada dos Jesuítas

A catequização dos índios brasileiros foi iniciada em 1553, no tempo do governador geral Mem de Sá. Tendo à frente o padre Manoel da Nóbrega, pretendiam os jesuítas duas coisas: converter o gentio e instruir os colonos. Tal pretensão, porém, não deu resultado. No trato com gentes de cultura e índole tão diversas, a Companhia de Jesus viu seu sistema educacional desnudar-se amorfo e confuso. Nem os índios eram convertidos, nem os colonos, educados.

A partir de, então, os jesuítas passaram a mudar de tática. Criaram os colégios para se encarregarem da educação dos colonos, e as reduções para induzir o selvagem à obediência à fé cristã. Mas, como mais adiante veremos, o processo de catequese jesuítico não surtiria os resultados esperados, pois não era objetivo dos discípulos de Ignácio de Loiola fazer cristãos; e, sim: tornar mais longos e eficazes os braços da Santa Sé.

Naquele tempo, havia em nosso território, segundo algumas fontes, quatro milhões de índios. Embora não seja fácil identificar as várias nações em que se subdividiam, conforme o demonstraria o antropólogo Arthur Ramos, pode-se ao menos tentar uma classificação geral. Eis os grupos básicos da gente índia: Tupis, Gês, Caraíbas, Nu-Aruak. Destas etnias, a que mais sobressaiu foi a Tupi. Espraiando-se ao longo de nosso litoral, muito sofreram os tupis em contato com o colonizador lusitano.

Até 1580, os jesuítas eram os únicos a cuidar da educação em nossa terra. Desde então, seguidores de outras ordens começaram a vir para cá dar a sua contribuição ao acabrunhante sistema educacional luso-brasileiro.

IV. A Triste Sorte dos Gentios em Terras Brasílicas

Não se sabe ao certo como os índios chegaram às terras do Brasil. Supõe-se terem eles, após a confusão da Torre de Babel, deixado a planície de Sinear, e avançado em direção ao território atual da Rússia. De lá, rumaram ao Estreito de Behring, onde, aproveitando-se de um congelamento das águas que separam os continentes Asiático e Americano, passaram para o Novo Mundo. E, assim, após sucessivas e cansativas escalas, foram fixando-se desde o Alaska até a Argentina.

Pelos traços físicos, parecem fazer parte da grande família mongolóide. Todavia, quando lhes examinamos as várias línguas, ficamos desconcertados: em nada lembram os idiomas indu-europeus, semíticos ou camíticos. Somente a confusão de Babel, e a firme decisão do Senhor de espalhar os filhos todos de Adão pela face da terra, podem explicar a origem de gentes tão estranhas e exóticas quanto nossos índios.

Infelizmente, tornaram-se alvos fáceis da ganância do colono português que, inescrupulosamente, buscou reduzi-los à servidão. Todavia, isto não foi possível porque, acostumados à vida ao ar livre e em permanente contato com a natureza, cedo fugiam de seus amos, e embrenhavam-se nas matas. Foi aí que se pensou na possibilidade de se transportar para cá o negro africano. A estas alturas, contudo, o destino das nações índias já estava selado.

De um lado, os jesuítas com as reduções; de outro, os colonos, tentando escravizá-los. E o que dizer das investidas das bandeiras e entradas? Todos estes ataques foram dizimando os silvícolas. Dos milhões de índios que havia no Brasil, quando do descobrimento, restam-nos hoje menos de duzentas mil almas.

Entretanto, não é o nosso objetivo, neste livro, tratar das desventuras dos primitivos habitantes do país. O que intentamos mostrar é como desenvolveu-se a vida religiosa aqui e, em seguida, provar que, de todo esse sincretismo, ficou ao nosso povo uma triste herança espiritual: os cultos afro-brasileiros.

Antes, porém, de tratarmos do assunto proposto, há uma pergunta que não haverá de se calar jamais: o que fizeram os reformadores protestantes para evangelizar o Brasil? Sim, pois, na época do descobrimento, o avivamento iniciado por Lutero e Calvino estava no auge. Que esforços envidaram para arrancar as tribos brasileiras e os colonos lusitanos daquelas densas trevas espirituais?

V. O Descaso dos Reformadores

Deflagrada por Martinho Lutero, a Reforma Protestante representou um grande avanço para o mundo. A partir das Noventa e Cinco Teses fixadas nas portas da Igreja de Wittemberg, na Alemanha, em 31 de outubro de 1517, a história das nações, principalmente européias, nunca mais seria a mesma. Posicionando-se contra, ou a favor, nenhum povo pode ignorar os efeitos daquele movimento que arrancou os filhos de Adão da Idade Média. De repente, viram-se milhões de almas livres do aguilhão da Santa Sé. Já era possível aspirar ao ar da liberdade.

No que tange à Obra Missionária, porém, a Reforma Protestante deixou muito a desejar. Embora apregoassem um retorno imediato às Escrituras, os reformadores não assimilaram a urgência da Grande Comissão. Nos anos subseqüentes, começaram a enredar-se em brigas intestinas e discussões tolas acerca de vários pontos doutrinais. Enquanto isto, ia a Contra-Reforma ganhando terreno nas mais diferentes partes do mundo, notadamente nos continentes descobertos pelos espanhóis e portugueses.

O que alegavam os reformadores para não cumprir os requisitos da Grande Comissão?

Contaminado por uma síndrome escatológica, Martinho Lutero afirmava que, como a vinda de Cristo estava próxima, nada mais se poderia fazer em prol daqueles que, até aquela data, ainda não haviam sido alcançados pelo Evangelho. Por seu turno, João Calvino, envenenado pela doutrina da predestinação, defendia já estarem seguros os que haviam sido predestinados à vida eterna. Quer fossem evangelizados, quer não, a salvação destes já estava garantida. Quanto aos outros, por que perder tempo falando-lhes de Jesus? Infelizmente, observamos estes mesmos entraves atrapalharem a Obra de Deus ainda hoje. É chegado o momento, todavia, de nos desvencilharmos de tais empecilhos, e cumprir incondicionalmente os itens da Grande Comissão. Os que olham as nuvens das últimas coisas jamais espalharão a Boa Semente das primeiras.

Em conseqüência de ambos os posicionamentos, as missões evangélicas muito sofreram. Aproveitando-se desta visão distorcida dos reformadores, a Igreja Católica não perdeu tempo. Espalhou seus missionários pelos mais distantes e exóticos recantos do mundo. Haja vista os jesuítas que se embrenharam pelo Novo Mundo, fazendo contatos com os indígenas, abrindo reduções e estabelecendo os alicerces educacionais das nações latino-americanas.

Os protestantes foram tão pouco venturosos na evangelização de nossa terra naqueles idos que, mesmo as poucas iniciativas, redundaram em fracasso.

VI. As Primeiras Iniciativas para se Implantar a Fé Evangélica no Brasil

Desde o descobrimento, conforme veremos a seguir, foram empreendidas diversas empreitadas para se implantar aqui os princípios da Reforma Protestante. Todas as empreitadas, porém, fracassaram: vinham escudadas em interesses que colidiam com os negócios supremos e inadiáveis do Reino de Deus. Quando isto ocorre, as missões vêem-se cobertas de frustrações e opróbrios; o evangelismo morre em seu nascedouro; e, entre os gentios, é blasfemado o santo nome do Senhor.

Apesar dos malogros franceses e das decepções holandesas, os reclamos da Grande Comissão não foram de todo sufocados. Aquilo que parecia impossível, quando do descobrimento, não está muito longe de ser alcançado: um Brasil evangélico.

1. Os franceses

Fugindo às perseguições religiosas que se espalhavam por toda a França, Nicolau Durand de Villegaignon demonstrou vivo interesse em se transferir às possessões portuguesas no Novo Mundo, e, aqui, fundar a França Antártica. Apoiado por Coligny, veio à frente de uma considerável leva de protestantes, conhecidos na Europa como huguenotes. Consigo, vieram também várias famílias católicas e alguns condenados. Vê-se, pois, que o objetivo desta cruzada não era primordialmente abrir uma frente missionária e, sim, estabelecer uma colônia francesa.

Villegaignon chegou à Guanabara em 1555, instalando-se na ilha de Serigipe que, mais tarde, receberia o seu nome. Dois anos depois, ancoravam em nossas águas os navios da segunda expedição, agora apoiada, não somente por Coligny, como pelo próprio Calvino. Com a chegada desta expedição, realiza-se o primeiro culto evangélico em caráter oficial no Brasil. A data jamais seria esquecida: 10 de março de 1557.

Tivessem se aproveitado do enfraquecimento das instituições portuguesas, os franceses teriam se instalado definitivamente em nosso território. Haveriam de alterar a conformação política e geográfica da possessão lusitana, dando origem a novos estados independentes. Eis que entre eles, todavia, levanta-se alguém pronto a quebrar a harmonia até então reinante entre as várias facções da incipiente colônia: o próprio Villegaignon. Conhecido como o "Caim das Américas", apostatou da fé e pôs-se a perseguir os huguenotes. Foi a partir desta insanidade que o projeto de se ter uma França nos trópicos começou a gorar, pois os calvinistas representavam dois terços dos habitantes do povoado além de se constituírem no escol intelectual e moral da colônia.

Expulsos da ilha, viram-se os huguenotes obrigados a se instalarem num lugar conhecido por eles como Briqueterie, até que um navio aparecesse e os levasse á França. Enquanto isto, fizeram contato com os índios que os supriam de víveres. A angustiante espera durou até quatro de janeiro de 1558, quando aportou à Guanabara o navio Jacques, do Havre. Villegaignon, entretanto, não teve muita ventura em seus empreendimentos, pois a coroa portuguesa, apesar de debilitada, reuniu energias suficientes para desalojar os invasores da riquíssima colônia. Em 1567, o governador geral, Mende Sá, restaura a soberania lusitana sobre todos os territórios dantes ocupados por Villegaignon. Nesta cruzada, contou com a inestimável ajuda de seu sobrinho, Estácio de Sá.

2. Os holandeses

Mais felizes que os franceses, os flamengos deixaram a Holanda, que ascendia como uma das maiores potências do mundo, dispostos a fundar uma grande colônia em terras brasileiras. Sob a sábia e segura orientação do conde Maurício de Nassau, prosperam e atraem a simpatia de muitos portugueses, brasileiros e cristãos novos (judeus convertidos à força ao catolicismo). Esperavam estes achar nos holandeses um pouco mais de liberdade. No entanto, como mais tarde constatariam, a Companhia das Índias Ocidentais não viera para beneficiar a ninguém, a não ser os financistas de Amsterdan.

O empreendimento durou de 1630 a 1654. Durante este período, marcado por admiráveis progressos em diversas áreas, os protestantes ensaiam alguns avanços evangelísticos e missionários. Obreiros são enviados aos índios; visitadores saem a consolar os enfermos com a leitura da Bíblia e a confirmar os fracos na fé, e vários templos começam a funcionar em Recife. Aproveitando-se desta oportunidade, evangélicos franceses e ingleses também instalam-se na cidade que, mais tarde, viria a tornar-se capital de Pernambuco. Durante a ocupação holandesa, é elaborado um projeto para se traduzir as Sagradas Escrituras na "língua brasílica".

Com o término da gestão de Maurício de Nassau, porém, a empresa flamenga em terras brasileiras começa a entrar em declínio. Finalmente os invasores são derrotados e expulsos do Brasil. Na guerra contra os holandeses, atuaram o paraibano André Vidal de Negreiros, o português João Fernandes Vieira, o negro Henrique Dias e o índio Felipe Camarão.

VII. O Evangelho que Demorou a Chegar

A partir de então, muito pouco se pôde fazer pelas almas que, em nossos rincões, suspiravam pela Palavra de Deus. A situação só começaria a melhorar a partir de 1808, com a vinda da família real para o Brasil. Escoltados pelos ingleses, viram-se os príncipes lusitanos obrigados a cumprir determinadas cláusulas que os tornavam dependentes de Londres. Tiveram de acabar com as atividades do Santo Ofício em terras brasileiras, e não mais incomodar os súditos do Reino Unido em virtude da fé que estes professavam. Não vamos falar sobre as outras imposições que a Inglaterra colocou sobre Portugal, por não ser este o objetivo da presente obra.

Pressionado pelos ingleses, Dom João VI expede a seguinte declaração: "Sua Alteza Real, o Príncipe Regente de Portugal declara e se obriga no seu próprio nome e no de seus herdeiros e sucessores a que os vassalos de Sua Majestade Britânica residentes em seus Territórios e Domínios não serão perturbados, inquietados, perseguidos ou molestados por causa de sua Religião, mas, antes terão perfeita liberdade de consciência e licença para assistirem e celebrarem o serviço divino em honra do Todo-Poderoso Deus; quer seja dentro de suas casas particulares, quer nas particulares Igrejas e Capelas que Sua Alteza Real agora e para sempre graciosamente lhes concede a permissão de edificarem e manterem dentro de seus domínios e conquistas, contanto que as sobreditas capelas sejam construídas de tal maneira que exteriormente se assemelhem a casas de habitação e também que o uso de sinos não lhes seja permitido".

Sob o apanágio deste benevolente decreto, a Igreja Anglicana, bem como as demais denominações históricas, comissionam seus primeiros obreiros a trabalharem entre nós. Vêm os presbiterianos, congregacionais e batistas. E, no início deste século, já sem os empecilhos de uma religião oficial, eclode o movimento pentecostal no Pará e, em poucos anos, chega ao Rio Grande do Sul. O movimento pentecostal, trazido para cá pelos missionários suecos, Daniel Berg e Gunnar Vingren, representou um dos maiores fenômenos religiosos das últimas eras.

Ora, se o evangelismo em nossa terra prosperou, as forças das trevas não ficaram para atrás. Fortalecidos pela religiosidade lusitana, pela superstição índia e pelo animismo negro, os chamados cultos afro-brasileiros fizeram deste país o maior repositório de crenças animistas e fetichistas do planeta. Para combatê-las, faz-se necessário conhecermos como estes cultos introduziram-se em nossa terra, como funcionam e o que representam. Vejamos, antes de mais nada, como os nossos irmãos negros chegaram à nossa terra.

Conclusão

Embora tenha sido o Brasil descoberto por uma nação nominalmente cristã, não foi colonizado segundo os preceitos das Sagradas Escrituras. Os portugueses, como já o dissemos, estavam mais preocupados com a expansão de seu comércio do que com a salvação das almas. Quanto aos missionários que para cá eram enviados, tinham como tarefa não fazer novos cristãos, mas aumentar o número daquele exército de miseráveis que, cegamente, eram afastados para longe do Deus Único e Verdadeiro. Pois, ao invés de anunciar a Palavra de Deus, limitavam-se a apregoar um cristianismo divorciado do Cristo. Acreditavam mais no reaparecimento de Dom Sebastião, morto em Ceuta, em 1578, do que nas reivindicações das Sagradas Escrituras.

Durante quatrocentos anos, nossa gente passou sem os benefícios da Educação Cristã conforme preconizada no Novo Testamento. Tal desleixo levou-nos a amargar desastres, atrasos, retrocessos, misérias, corrupções. Se os evangélicos considerarmos devidamente o Mandato Educacional da Igreja, ainda poderemos reverter essa situação. Caso contrário: repetiremos os erros do passado, como se nada tivéssemos aprendido da História.

QUESTIONÁRIO

1. Qual foi a sugestão de Caminha?
2. Portugal considerou-a devidamente?
3. Qual a posição dos reformadores quanto à evangelização do Novo Mundo?
4. Como foi a atuação dos franceses?
5. Como foi a atuação dos ingleses?
6. Que benefícios trouxe a vinda da família real portuguesa para o Brasil?
7. No período de Dom João VI como podiam funcionar as igrejas evangélicas?

11

A Chegada dos Negros ao Brasil

Sumário

Introdução

O cristianismo praticado em Portugal era um misto de paganismo, folclore e permissividade. Era um sistema religioso criado para dar sustentação à coroa lusíada que, desde 1139, vinha expandindo-se até transformar-se naquele grande e "novo reino, que tanto sublimaram". Aliás, quem lê *Os Lusíadas*, depara-se com um cristianismo que, rapidamente, se mistura aos deuses gregos e romanos. E estes, lutando entre si, traçam o destino dos netos de Baco. E quem mais defende os portugueses segundo Camões? Responde o poeta: "...Venus bela, afeiçoada à gente lusitana...".

Foi exatamente este cristianismo que os portugueses trouxeram para cá e, através dele, puseram-se a catequizar os índios e a confirmar a gente portuguesa que aqui vivia. O colonizador, porém, não estava satisfeito. Como carecesse de mão-de-obra para explorar as riquezas de um continente maior que toda a Europa Ocidental, busca na Igreja Católica o necessário suporte teológico e ético para reduzir as nações africanas à servidão. Estas, contudo, acabarão por dominar, através de suas superstições e práticas demoníacas, os que intentavam dominá-las.

É de suma importância que o educador cristão conheça a religiosidade que os negros trouxeram para cá; pois esta, mesclando-se às crenças indígenas e à religião do colonizador, terminaram por transformar o Brasil na pátria do sincretismo religioso. Além disso, só lograremos evangelizar com eficácia os brasileiros inseridos na cultura africana, se viermos a entendê-la devidamente. Neste particular, haveremos de nos munir de todo o cuidado, pois uma coisa é a cultura negra; outra, as práticas religiosas e abomináveis que os africanos para cá transportaram.

O verdadeiro educador cristão não é contra quaisquer culturas. Mas tem a obrigação de resgatar os oprimidos de Satanás onde quer que se achem estes inseridos: seja na cultura negra, seja na branca, seja na amarela. Infelizmente, muitos são os antropólogos e sociólogos que teimam em classificar como um simples e inofensivo folclore o fetichismo africano. Este, todavia, é tão danoso como a festa das bruxas observada nos Estados Unidos, ou como aqueles festivais do interior da Índia que, até bem pouco tempo, incluíam sacrifícios humanos. Em sua essência, tudo é um culto ao demônio.

Vejamos, em primeiro lugar, quem é o africano que para cá veio, e que tanto contribuiu para a construção do povo brasileiro.

I. Quem É o Negro

Quem é o negro? Se fizermos esta pergunta a um tribal do interior do Zaire, obteremos uma intrigante resposta: "Negro é aquele que tem a cor de gente". Para este mesmo indivíduo, o homem branco é o que carrega a cor da morte. Metido no coração da África por esquecidas gerações, tem ele uma concepção toda particular do Universo. Nas coisas mais simples, lá está a marca de sua definição. A zebra lhe é um cavalo preto listado de branco. O europeu diria que é um cavalo branco listado de preto. Para se entender a sua cosmovisão é indispensável fazer-se como um deles.

Conta-se que certo missionário, ao compartilhar de uma refeição na tribo Kaka, nos Camarões, ganhou de imediato a simpatia dos nativos; porque, depois de saborear aquelas lagartas tostadas com pirão de mandioca, ouviu, prazenteiro, este comentário: "O homem branco kaka está comendo lagartas: ele realmente tem um coração negro."

Embora possuam uma visão de mundo toda particular, a cultura negra revela não poucos traços que nos remetem às origens da humanidade. As muitas histórias contadas pelos patriarcas africanos lembram, por exemplo, apesar das distorções, o Gênesis hebreu. Afinal, como diria Jorge Bertolazzo Stella, não há mitologia que não tenha um fundo de verdade. Ouviremos assim, sentados ao redor de uma fogueira, falar de um grande dilúvio, de uma torre insana e de uma inesperada dispersão da família humana. Ainda que a verdade seja apenas um fundo, não podemos ignorar-lhe a presença. É até possível ver um Adão com o cabelo pixaim naqueles causos arrastados pela noite adentro.

II. Os Negros Filhos de Adão

Deixemos por ora o movediço terreno das lendas, e comecemos a pisar o chão sempre firme da Palavra de Deus. A primeira verdade que devemos absorver, no estudo das várias culturas e etnias, é que todos os seres humanos provêm de um mesmo tronco genético. Embora diversos quanto à cor da pele, não haveremos de desdenhar nossa origem comum. No discurso de Paulo no Areópago, diante dos filósofos epicureus e estóicos, encontramos esta doutrina plenamente corroborada: "E (Deus) de um só (Adão) fez toda a geração dos homens" (At 17.26).

O historiador italiano Césare Cantu, defendendo a unidade da família humana, compendia: "Detendo-nos nos argumentos físicos, sabemos que as espécies muito diferentes não se ligam entre si; as afins produzem híbridos infecundos; as raças da mesma espécie, por mais diversas que sejam, geram mestiços que podem reproduzir-se. Ora, todas as raças de homens se cruzam fecundamente; logo, pertencem a uma única espécie".

No mês de abril de 1981, cientistas reunidos pela UNESCO em Atenas, capital da Grécia, divulgaram um documento, no qual chancelam a doutrina unirracial do gênero humano. Entre outras coisas, diz o referido documento:

"As descobertas antropológicas mais recentes confirmam a unidade da espécie humana. A dispersão geográfica da espécie humana facilitou sua diferenciação racial, sem, no entanto, afetar sua unidade biológica fundamental. Foi a partir de características físicas aparentes que se fizeram tentativas de classificação da espécie humana com a preocupação de dar conteúdo objetivo ao conceito de raça. Mas esse conceito só pode se basear em características transmissíveis, ou seja, não em particularidades físicas aparentes, mas nos fatores genéticos que as determinam".

Brancos ou negros, os seres humanos todos são originários de Adão e Eva. As diferenças exteriores denotam apenas fatores climáticos e geográficos, não uma virtual poligenia. Afirmar que o homem procede de diversos troncos genéticos é escancarar as portas às mais absurdas, cruéis e sanguinárias teorias. Não foi isto o que aconteceu na Alemanha de Hitler? Bastou um único livro para levar os alemães a crerem numa supremacia racial que jamais existiu. Sob o eco de "Mein Kamf", mais de seis milhões de judeus pereceram nos campos de concentração.

Não há povos superiores nem inferiores. O que há são povos bem governados e mal governados; povos que despertam livres e povos que se recolhem acorrentados. Em seus *Estudos sobre o Negro,* A. da Silva Mello deixa-nos este lembrete: "O que é preciso ser posto em evidência é que o negro não é inferior racialmente, e sim pelas condições que tem atravessado na vida, falto de educação, pobre, sempre relegado às tarefas mais baixas".

III. A Maldição de Canaã

Edward Gibbon declarou, certa vez, que a história emudece acerca de qualquer civilização negra de grande porte. Não sei com que base o admirável escritor britânico fez tal afirmação. Talvez não quisesse lembrar-se dos formidáveis feitos etíopes ou das conquistas líbias e marroquinas. Perguntemos a Gibbon: Onde estavam os nórdicos e saxões, quando as civilizações morenas assombravam o mundo com suas proezas?

Que os caucasianos jamais se esqueçam: enquanto os anglos e romanos viviam como bárbaros, a Etiópia já era admirada por sua civilização. Haja vista o eunuco da rainha Candace, na Etiópia, que veio a Jerusalém adorar no Santo Templo. Recuando um pouco mais, encontramos outro etíope que deixara sua marca na história de Israel: Ebed-Meleque. Na condição de ministro da corte davídica, ajudou a salvar a Jeremias do calabouço.

Levemos em conta ter-se dado este evento em aproximadamente 588 a.C. Nesta época, os ascendentes de Edward Gibbon andavam perdidos, quem sabe, nos fiordes, ou tentando atravessar o Canal da Mancha. Ou, ainda, abrigados nalguma caverna às margens do Danúbio. Não bastassem as civilizações acima citadas, temos igualmente o sempre enaltecido Egito. Ao contrário do que mostra Hollywood, a civilização do Nilo, embora caucasiana, não é branca, nem pode ser vista com aqueles olhos verdes dos atores americanos que aclaram os faraós e embranquecem-lhes os servos. O Egito, é uma nação africana.

Vê-se logo que, entre os negros, podemos descortinar várias civilizações de grande porte; formidáveis impérios. Do Saara ao Cabo da Boa Esperança; de Angola a Moçambique, a África é tão importante à história quanto a Europa e a Ásia. Como, porém, explicar o preconceito em relação à gente negra?

Creio ter nascido de uma interpretação distorcida do capítulo nove de Gênesis. Nesta passagem, encontramos Noé embriagado, desnudo e a ressonar pesadamente em sua tenda. Diante daquele tão deprimente espetáculo, Ham (que muitas versões preferem transliterar como Cão) diverte-se com a ignomínia do pai. Não satisfeito, chama os irmãos para que vejam a cena. Sem e Jafet, ao contrário do irmão caçula, tomando um manto, entram de costas na tenda e cobrem a nudez do patriarca.

Sob a ótica meramente humana, este incidente poderia até passar despercebido. Numa sociedade pagã, onde o respeito aos mais velhos não é mais observado, como se queixava Sócrates aos seus amigos, geraria no máximo, uma censura pública. Transportando-nos, porém, ao terreno profético, defrontamo-nos com outra realidade. O patriarca não viu apenas o ato de um indivíduo; e, sim, o de toda uma família que, na história do povo hebreu, teria destacado papel. Mesmo neste instante de ira, entra a misericórdia de Deus em ação, e impede que a maldição se espalhe por todos os clãs hamitas.

IV. Os Mitos que Precisam Ser Destruídos

Perguntaram-me certa vez se o sinal que o Senhor colocara em Caim era a cor negra. Achei a pergunta impertinente; num certo sentido, preconceituosa. Quem a fez, desconhecia um fato etnográfico muito importante. Repassando os primeiros capítulos de Gênesis, verificamos que, quando do dilúvio, toda a descendência de Caim foi destruída. Já não há, pois, nenhum caimita negro, ou branco, perambulando por aí. Apenas a linhagem de Set foi preservada das grandes águas. O sinal posto em Caim nada tinha a ver com a cor de sua pele. Tratava-se simplesmente de um ideograma; uma espécie de escrita que lhe evocava o crime.

Concernente à maldição lançada sobre Canaã, filho de Ham, há o mesmo tipo de especulação. Tanto neste caso, quanto no outro, encontramos nenhuma referência à coloração da epiderme de quem quer que seja. A maldição dizia respeito tão-somente ao desalojamento dos cananeus da terra que o Senhor juraria dar aos patriarcas hebreus.

É mister tomar muito cuidado com as interpretações bíblicas extravagantes. Delas, brotam os preconceitos; nascem os rancores; originam-se matanças e até genocídios. Haja vista o que acontecia na África do Sul. O *apartheid*, não satisfeito com suas feições legais, buscava respaldar à sua existência na mesma Bíblia. Roubando os textos que mostram os judeus como um povo sacerdotal e profético, os descendentes dos *boers* postavam-se como se fossem a nação eleita do Testamento Velho. Nesta tola arrogância, segregavam os negros, maltratavam-nos e expulsavam-nos de suas possessões, alegando a premente necessidade de um espaço vital para o desenvolvimento da comunidade branca.

Esquecem-se de que nas Sagradas Escrituras não há guarida para o racismo. Deus trata a todos de igual modo; sem quaisquer favoritismos. Para Ele não há acepção de pessoas. Mas, voltemos ao assunto, e vejamos a chegada do negro ao nosso país.

V. Os Negros Começam a Chegar ao Brasil

Os negros começaram a chegar ao Brasil por volta de 1538. Neste ano, Jorge Lopes Bixorda, conhecido como o "velho traficante", deixa em nosso território o primeiro carregamento de escravos. Outros navios aqui aportariam, trazendo novas levas de filhos da África. Esta infâmia durará aproximadamente quatrocentos anos. Nesses quatro séculos, entraram em nosso país, segundo algumas estimativas, cerca de 18 milhões de negros. Para se ter uma idéia de quão grande era este contingente, basta lembrar que, em 1818, 60% de nossa população eram constituídos de escravos. Ressalva, porém, o sociólogo Arthur Ramos em sua obra *As Culturas Negras no Novo Mundo*, que estes números devem ter sido muito mais expressivos.

Infelizmente, é-nos muito difícil, hoje, levantar a real situação do negro no Brasil durante a escravidão, em conseqüência de um movimento que visou arrancar de nossa história "a mancha negra". Muitos documentos preciosíssimos foram queimados; estatísticas, destruídas; contratos de compra e venda de negros, simplesmente incinerados, numa tentativa de se escrever uma nova história do país que se fez pela escravatura.

No que tange à escravidão, a historiografia hebréia é mais que imparcial. Registra que, no tempo dos patriarcas, dos juízes e dos reis, a escravidão fazia parte do elenco dos costumes da sociedade israelita. Aliás, havia até leis regulamentando o servilismo e tornando-o menos desumano. Mais tarde, os escritores sagrados mostram a conseqüência da escravidão. A mesma sociedade que admitia a cultura servilista, foi levada cativa a fim de que, na prática, a desaprovasse.

VI. A Proveniência dos Negros Brasileiros

Naqueles navios negreiros, cantados por Castro Alves, vinham as mais diferentes e estranhas tribos. Misturadas nos porões, nem sempre podiam comunicar suas dores, pois desconheciam os idiomas umas das outras. O único idioma comunicável era o infortúnio daquele cativeiro. Ali, amontoavam-se até tribos adversárias. No solo quente da terra-mãe, julgavam-se algumas superiores e civilizadas; desprezavam aquelas que ainda não tinham dominado técnicas e lavores. Mas, agora, naqueles porões, eram todas vistas como bárbaras pelo traficante lusitano. Quando chegarem a este lado de mundo, ver-se-ão unidas à senzala e ao vil trabalho.

Os negros trazidos para o Brasil são classificados em três grupos culturais: a) Sudaneses: procedentes da Nigéria, do Daomé e da Costa do ouro, conhecidos também como iorubas, gêges e fanti-ashantis; b) Guineanos-sudaneses islamizados, representados pelos fulas, mandingas e haussás; c) Bantos: compreendidos em dois grandes grupos: angola-congoleses e moçambiques.

Sudaneses

1. Sudaneses

Os sudaneses destacam-se principalmente pela elevada estatura. Sempre esbeltos e graciosos, são ainda facilmente reconhecidos na cidade do Salvador. Eram considerados, às vezes, exóticos; um espetáculo à parte. Deles escreve Gilberto Freyre: "Vêem-se negros tão altos que parecem estar andando de pernas de pau; tão compridos dentro de seus camisões de menino dormir que de longe parecem almas de outro mundo".

O negro destes negros não é um negro forte como o dos bantos. É um negro azeitonado, que nos faz lembrar alguma incursão semita por aquelas áreas esquecidas da África.

À Bahia, chegaram muitos sudaneses. Dentre estes, os nagôs eram os mais requisitados em virtude de sua robustez e índole. Sua inteligência também era admirável. Com uma docilidade que não se encontrava nos outros negros, assimilavam rapidamente as tarefas que lhes eram destinadas. Da lavoura simples aos lavores complexos, tudo aprendiam. Eis porque a sua cotação era tão alta no mercado.

2. Guineanos-sudaneses islamizados.

Com a expansão do Islamismo, os seguidores do "profeta", deixando a Arábia, meteram-se no desconhecido e exótico das terras do velho mundo. Foram às Índias, bordejaram a China e romperam pela antiga Babilônia. Finalmente, chegaram a África, onde, nalgumas tribos, encontraram um terreno fértil para semear a doutrina de Maomé. Nos mistérios deste solo, foram encontrados os guineanos-sudaneses, que se fizeram rapidamente muçulmanos: circuncidaram-se, passaram a observar as leis dietéticas e as festas sagradas. Subjugaram-se ao Corão; voltavam-se agora à Meca e, para lá, tencionavam um dia peregrinar.

Entre os grupos negros maometanos, há que se ressaltar os haussás. Radicados principalmente na Bahia, eram motivados por exaltado espírito de liberdade, e não hesitavam em promover revoltas e sedições. Entre eles, não eram raros os que sabiam falar e escrever o árabe. Sua cultura era evoluída; em certo sentido, superior à portuguesa. Escreve o sociólogo Arthur Ramos que, "em todos os grupos negros, da Bahia, onde existiam haussás, a revolta existia, pode-se dizer em estado latente". Eles ainda promoviam guerras santas no intuito de converter não somente os brancos como também as outras famílias negras ao Islamismo.

Para abafar estes anseios de liberdade, o governo baiano colocou as milícias nas ruas, e faltou muito pouco para que os haussás não fossem completamente exterminados. Hoje, quem visita a Bahia, ainda pode ver a remanescência da cultura sudanesa pelas ruas de Salvador, nas vestes daquelas baianas que andam a vender acarajés. Ou na estatura dos negros que, mesmo sem o querer, lembram ao homem branco que, apesar de tudo, os sudaneses conseguiram sobreviver àquele trágico 1813 – o ano da repressão.

3. Bantos

Embora mais atrasados que os sudaneses, os bantos tiveram uma influência muito maior em nossa cultura do que aqueles. Aliás, antes dos estudos efetuados por Nina Rodrigues, acreditava-se serem todos os nossos negros de origem bântica. Hoje, porém, graças ao grande sociólogo baiano, sabemos que a contribuição sudanesa-guineana não pode ser menoscabada.

Os bantos espalharam-se rapidamente pelo Maranhão, Pará, Pernambuco, Alagoas, Rio de Janeiro, Minas e São Paulo. Eram conhecidos pelas mais diversas denominações: congos, angolas, caçanjes, angicos.

Unidos por uma religião comum, criam na existência de um ser responsável por toda a criação. Alguns diziam que era Nzambi, outros, Marimo, Reza ou Molungo. Em Angola, recebia a alcunha de Zambi. Tendo em vista esta tosca, porém reveladora teologia, vemo-nos obrigados a concordar com o argumento ontológico de Anselmo, segundo o qual pode-se descortinar a presença do Eterno em todas as almas humanas, mesmo nas mais rústicas e dominadas pelas mais vis superstições.

É com este material que o educador cristão tem de trabalhar, a fim de ganhar as pessoas de outras culturas para Cristo. Que exemplo de evangelização transcultural não temos em Paulo! Apesar de toda a idolatria que juncava a capital cultural da Grécia, usou o apóstolo um suporte cultural para, através deste, evangelizar os gregos. O suporte, ou base, foi o altar que os antigos helenos haviam dedicado ao Deus Desconhecido. A partir daí, teve ele condições de falar de Cristo à mais exigente nação daquele período. Leia com atenção o capítulo 17 de Atos.

VII. Como os Negros Foram Recebidos em Nossa Pátria

Vê-se o homem português, geralmente, como alguém destituído de quaisquer preconceitos raciais. Ao contrário dos outros colonizadores europeus, unia-se afoita e abertamente às mulheres nativas e, mais tarde, às negras. Por estas, demonstrava acentuada predileção. Muitos foram os brasileiros ilustres, frutos desses consórcios. Haja vista o que nos revela José do Patrocínio. Renomado orador e abolicionista, não escondia o fato de haver sido filho de um padre português e de uma escrava.

Aloísio de Azevedo foi um dos primeiros escritores a tratar de tão polêmica temática. Em seu romance *O Mulato*, denuncia o quanto o racismo estava enraizado em nossa sociedade. Apesar dos disfarces culturais, era impossível encobrir a nódoa. Naquele afrontado mulato, desnuda-se toda a família africana trazida compulsoriamente para cá. A escravidão é a mais forte evidência da doutrina racista lusitana, cujas raízes acham-se nos mesmos fundamentos do reino. Bastam algumas páginas do extraordinário Alexandre Herculano, para se certificar desses fatos.

Longe de provarem a inexistência de racismo entre os colonizadores lusos, as uniões inter-raciais denunciavam um problema que sempre os preocupara: a baixa densidade demográfica de Portugal. Para se ter uma idéia da gravidade do problema, lembremo-nos de que, em 1750, o país tinha apenas dois milhões de habitantes. Embora possuísse colônias em todos os continentes, o rei sabia não ter condições de manter a ocupação de tão vastos domínios. Para agravar a situação, os corsários anglos e francos já singravam por estas bandas causando consideráveis sangrias à já combalida economia portuguesa.

O que fazer?

Aos seus homens, recomenda o soberano as uniões com as mulheres nativas e africanas. Destes arranjos, vai surgindo uma mestiçagem que se espraia em todos os rincões do Brasil. A mestiçagem acentua-se; o racismo não desaparece: disfarça-se.

O estabelecimento da Inquisição em Portugal mostra claramente o quanto o racismo estava no sangue lusitano. Certa vez, li um livro acerca dos cristãos novos, e fiquei assustado com a retórica daquele autor que, exaltando os portugueses, não poupava o verbo ao depreciar os filhos de Sião. Era uma retórica semelhante a usada por Hitler em seu *Mein Kampf*. Aliás, toda a nação guindada a império é subjugada por uma doutrina racial que termina por destruí-la. Foi assim com os egípcios, assírios e babilônios. Se rastrearmos as crônicas de Susã, Atenas e Roma, veremos que o mesmo sintoma fora detectado entre os persas, gregos e romanos. Não esteve ausente nos antigos etíopes, nem nos orgulhosos somális. O racismo não é uma doença nascida com os brancos: é uma peste surgida com o próprio homem. Toda vez que uma civilização sobrepõe-se a outra, o primeiro sintoma a aparecer é o racismo.

O racismo tem as mais variadas cores. Quando os japoneses impunham sua cultura à Coréia, era amarelo. Quando os somális arrogavam-se como senhores do chifre da África, negro. E, quando os portugueses, julgando-se senhores do mundo, arrancavam o africano à sua terra para escravizá-lo no Novo Mundo, ganhava aqui todas as cores. O único antídoto eficaz contra o racismo é a Bíblia Sagrada. Aqui, somos cientificados de que todos somos iguais perante Deus. Negros ou brancos, todos proviemos de Adão e Eva; e Adão e Eva, do próprio Deus Criador. Que os brasileiros jamais nos esqueçamos desta verdade!

Conclusão

Que lição os educadores cristãos podemos tirar desta reflexão acerca da chegada do africano à nossa terra? Em primeiro lugar, que precisamos compreender uma cultura para falar-lhe de Cristo. Isto não significa, porém, comprometer as demandas bíblicas nem enfraquecer o caráter profético do Evangelho. Independentemente da complexidade cultural e geográfica, a Palavra de Deus não negocia a sua soberania nem trafica com os seus conceitos; ela é eterna, divinamente inspirada, inerrante e infalível.

É chegado o momento de se evangelizar com eficácia não somente o negro como também os integrantes das outras etnias que formam o povo brasileiro. Não transijamos, todavia, com o erro. Respeitar a herança cultural de uma etnia é uma coisa; comungar com os seus pecados e abominações, ainda que tidos como folclore, é outra bem diferente. Nossa missão é educar todos os homens na Palavra de Deus onde quer que se achem inseridos.

QUESTIONÁRIO

1. Por que é importante ao educador cristão estudar e refletir acerca da formação de nossa nacionalidade?
2. Por que uma religião não pode ser considerada um simples folclore?
3. Qual a procedência dos negros brasileiros?
4. Por que é importante estudar a herança cultural negra?
5. Quando começou a escravidão no Brasil?
6. Como eram os negros iorubas?
7. Quantos negros teriam entrado no Brasil desde o início da escravidão?
8. Como eram conhecidos os negros islamizados?
9. Como falar de Cristo às pessoas de outra cultura?
10. O que significa evangelização transculural?

12

A Escravidão do Negro em Terras Brasileiras

Sumário

Introdução

Arrancado ao chão materno, suportou aqui o africano humilhações e afrontas. Tinha a impressão de que o cativeiro jamais chegaria ao fim. Na senzala, ou no pelourinho, via tudo em ferros. Arrastava-se nas plantações; sufocava-se nos veios auríferos. Nas pegadas das bandeiras, o sofrimento de Angola e Cabinda desbravava solidões. Ia o homem de África, apesar de todo esse sofrer, amanhando este pedaço de América; ia sublimando este mundo novo que um dia abrira os frontões para receber Cabral.

Na saudade, negro; no banzo, escravo.

Avaliaram-no como animal; cotaram-no como bicho. Tentaram afogar-lhe a alma e espezinhar-lhe os sentimentos mais escondidos. Uma alma, todavia, não se afoga, principalmente se carrega a poesia de Guiné e o choro de Maputo. Sob a chibata do feitor, evolava-lhe a negritude num protesto batido e suarento. Somente ele haveria de descrever aquelas dores maldormidas e esgotadas nos canaviais de Olinda e nos cafezais de Piratininga.

Quem lhe poderia cantar tanta aflição? Nem o mesmo Castro Alves voaria tão alto nos versos. Apesar da genialidade, faltar-lhe-ia o engenho da agonia e a arte das lacerações para ladrilhar a via dolorosa de nossos negros.

Como educadores cristãos, não haveremos de ignorar os males advindos à nossa pátria devido à escravidão do negro. Embora mais de cem anos já tenham se passado, ainda lutamos por sanar as fissuras sociais e econômicas ocasionadas pelo servilismo que, apesar de oficialmente extinto, oficiosamente sobrevive, enodoando o Brasil como um dos países mais injustos do mundo.

Educando os crentes na Palavra de Deus, ou apregoando as boas-novas aos que ainda não são Igreja, conscientizemo-nos de que somente o Evangelho de Cristo pode libertar completamente o homem, guindando-o às regiões celestes. E que o Evangelho seja proclamado em toda a sua pureza!

Nessa reflexão teológico-histórica, vejamos, antes de mais nada, o que é a escravidão.

I. O Que É a Escravidão

O termo *escravo* surgiu depois de uma guerra, conforme explica um eminente filólogo: "Provém o adjetivo e todos os seus derivados do fato de haver, no século X, Otão, o Grande, vencido a Slavônia e feito cativos todos os seus súditos. O grupo *sl* foi desfeito pelo suarabácti *escl*, dando *Esclavônia*, escravo. A forma *sclavus* ao lado de *slavus* já se encontra no latim medieval".

A escravidão é o regime político-social que subjuga o homem ao trabalho forçado. Ela explora a força produtiva até as últimas exaustões; torna o homem mera propriedade do homem. É uma relação anômala entre o capital e o trabalho. Avulta-se sempre que a mão-de-obra não é dignamente remunerada.

II. A Justificativa Filosófica da Escravidão

A primeira referência à escravidão que se tem notícia provém de uma inscrição suméria intitulada *O Pecado do Jardineiro*. Já nesta recuada era, a mão-de-obra servil era amplamente utilizada na Mesopotâmia. Haja vista os dispositivos existentes na legislação de Hamurábi para regulamentá-la.

Sua antigüidade levou o ensaísta francês José Marie Maistre a afirmar ser a servidão a condição original do ser humano. O direito natural, porém, jamais corroboraria tal tese. Reza a Declaração dos Direitos Humanos que o homem nasce sob as asas da liberdade; e, sob este abrigo, há de permanecer. Inalienável e, sob hipótese alguma, permutável, esse direito, antes mesmo de ser reafirmado pelos fundadores da nacionalidade americana e pelos enciclopedistas franceses, já estava sacramentado nas Escrituras Sagradas.

Bastam os Dez Mandamentos para resguardar a dignidade humana; bastam as bem-aventuranças para conferir harmonia à raça.

As legislações todas do mundo podem ser substituídas pelo Decálogo e pelo Sermão do Monte sem quaisquer prejuízos para os descendentes de Adão e Eva.

Nessa apologia, José Marie Maistre não se encontra só. Outros pensadores não pouparam gênio e prestígio para justificar a escravidão. Em sua *República,* Platão dá a entender que ela é indispensável para o funcionamento pleno e harmônico do mundo. Aristóteles, seu discípulo, declarou: "O escravo é uma máquina sem alma".

Diógenes foi um dos poucos pensadores da antigüidade que ousaram condenar energicamente a servidão. Para o fundador do cinismo, a escravidão é um atentado à natureza.

Os defensores da escravidão, hoje, usam um vocabulário mais requintado. Dão-lhe uma nova roupagem; quase não assusta. É a racionalização do trabalho, a automação da mão-de-obra e a modernização empresarial. Ontem, os filósofos; hoje, os economistas. A chibata, antes; a fila do desemprego, agora. De qualquer forma, escravidão sempre. Cabe aos seguidores do Nazareno divulgar os princípios que fizeram do Cristianismo a religião do amor e da justiça social.

III. A Escravidão no Mundo Mediterrâneo

A escravidão era algo quase banal no mundo mediterrâneo. Entre os judeus, gregos e romanos, contava com respaldo legal e até religioso. No período do Novo Testamento, havia um escravo para cada três homens livres na vastíssima região dominada pelos Césares. Informa Petrônio que nem a décima parte dos cativos conhecia seus amos. Tácito fala de um medo hiperbólico a pairar sobre o Império Romano em virtude do elevado número de escravos que vivia na cidade. Os patrícios temiam um levante geral. Tal obsessão não era descabida, tendo em vista a revolta encabeçada por Espártaco, no ano 73 a.C.

Os romanos, proprietários de escravos, eram particularmente cruéis. Aplicavam-lhes os mais terríveis e inimagináveis castigos. Surravam-nos constantemente e marcavam-nos a ferro. Para se divertirem, lançavam-nos às feras. A situação das servas era ainda mais difícil. Não podiam constituir família, nem manter os valores que fazem a beleza do sexo frágil. Não passavam de meros objetos de lascívia.

No Império Romano, os escravos exerciam as mais variadas atividades. Atuavam como mordomos, cozinheiros e carregadores de cargas. Não eram poucos os bibliotecários, escultores e escritores. Havia até poetas e filósofos entre a escravaria romana. O filósofo Epíteto, a propósito, era um escravo de origem frígia. Liberto de Nero, foi um dos mais destacados pensadores de seu tempo. Alguns escravos aliviavam o tédio de seus senhores, lendo-lhes peças de teatro e poemas eróticos. Para os patrícios, a cultura dos escravos era reflexo da iluminação de seus amos. Com isso muito se divertia Petrônio.

A escravidão em Israel começou a desaparecer com o exílio babilônico em 586 a.C. Desde então, os judeus principiaram por assimilar, com mais voluntariedade, o espírito da lei mosaica que, apesar de permitir a servidão, traçava um renovado alvo para a família humana: a fraternidade universal. Terminada a deportação, quase já não se ouve falar de trabalho escravo nos termos de Jacó. O servilismo é radicalmente contrário ao espírito de ambos os Testamentos. Haja vista a mensagem que Paulo nos transmite em sua epístola a Filemom. Em Cristo Jesus, todos somos um; senhores ou servos todos devemos nos curvar diante daquEle que detém todo o poder nos céus e na terra.

IV. A Escravidão no Brasil

Ao iniciarem a ocupação do Brasil, os portugueses buscaram dominar os índios para utilizá-los na lavoura. Mas os silvícolas mostraram-se arredios e avessos ao trabalho sedentário. Embrenhavam-se na mata e, de lá, só saíam mortos; perdiam a vida mas não se deixavam escravizar pelo homem branco. Foi então que este resolveu tocar o trabalho agrícola com os braços do africano.

Já nessa época, o comércio de africanos era bastante rendoso. Os traficantes acumulavam fortunas com os negros que traziam para cá. Ao contrário do índio, adaptavam-se os negros rapidamente à lavoura, pois, na terra natal, já estavam familiarizados com o amanho do solo.

Por volta de 1535, o comércio de escravos já estava praticamente estabelecido entre os continentes americano e africano. Suas proporções achavam-se fadadas a aumentar assustadoramente.

Os sofrimentos dos negros começavam bem antes de eles chegarem ao Brasil. Em sua terra, perseguiam-nos os comerciantes árabes e as tribos inimigas. Já nas mãos dos portugueses, eram conduzidos aos chamados navios negreiros, ou tumbeiros, onde amargavam uma travessia tumultuada; o Atlântico parecia não ter fim. Aquelas centenas de homens, mulheres e crianças, gemendo por uma arfada de ar, ou por um pedaço de pão que nunca vinha, davam a impressão de estarem no inferno descrito por Dante. Metade dessas almas jamais chegava a ver o outro lado do oceano. Abatiam-nas a fome e as doenças que proliferavam naqueles porões fétidos e abafados.

Chegando ao Brasil, os escravos eram imediatamente postos à venda. Os colonos escolhiam os melhores, colocando-os logo a trabalhar. Nesse doloroso processo, os pais, muitas vezes, eram separados dos filhos; os maridos, das mulheres. Os europeus tinham os negros na conta de seres desprovidos de razão. Nas transações comerciais, alcunhavam-nos de peças.

V. O Trabalho do Negro

Sem os negros, jamais teria havido o plantio de cana-de-açúcar no Brasil. Nesta cultura, executavam todas as tarefas. Do plantio à moagem, faziam-se presentes. Podiam ser encontrados até mesmo nas casas dos senhores de engenho a desincumbir-se das lides domésticas. Escorados nesta mão-de-obra barata e farta, os colonos passavam os dias a repassar as intrigas diárias e as quizilas cotidianas da colônia.

Em sua *Cultura e Opulência do Brasil*, André João Antonil sintetiza a atuação do africano entre nós: "Os escravos são as mãos e os pés do senhor de engenho, porque sem eles, no Brasil, não é possível fazer, conservar e aumentar fazenda, nem ter engenho corrente. Por isso, todo ano é necessário comprar alguns escravos e reparti-los pelas roças, serrarias e barcas".

Com a decadência da lavoura canavieira, milhares de escravos foram levados às áreas de extração de ouro. Nas Minas Gerais, ajuntavam o ouro que ia fazer a riqueza e a falsa opulência da metrópole. Não demorou muito, porém, para que o ciclo do ouro também passasse.

Mais uma vez os escravos vêem-se obrigados a se adaptarem a um novo ciclo de nossa desordenada economia. Agora, são transferidos em massa aos cafezais que se espalham pelo Rio de Janeiro, São Paulo e Sul de Minas. Ainda tratados como animais, iam enriquecendo os amos, e fazendo a glória de um país que se alicerçava nas senzalas e mocambos.

VI. Os Castigos Impingidos aos Escravos

Se não cumprissem as tarefas que lhes eram destinadas, ou tentassem fugir, os negros eram severamente castigados. Os instrumentos de tortura estavam sempre a espreitá-los: a palmatória, o açoite e o tronco. Quando fugiam, eram caçados pelos famigerados capitães-do-mato, que não lhes poupavam afrontas nem açoites. Muitos fugitivos morriam no tronco; outros, no mesmo tronco, ficavam paralíticos; e, ainda outros, perdiam a visão e as mesmas feições.

Condoendo-se dos sofrimentos de nossos negros, escreveu André João Antonil: "No Brasil, costumam dizer que para o escravo são necessários três P, a saber, pau, pão e pano. Quisera Deus que o comer e o vestir fossem tão abundantes como muitas vezes é o castigo, dado por qualquer causa pouco provada e levantada e com instrumentos de muito rigor. Alguns senhores fazem mais caso de um cavalo que de meia dúzia de escravos, pois o cavalo é servido, e tem quem lhe busque capim, tem pano para o suor, sela e freio dourado".

Os escravos amontoavam-se nas senzalas. Naqueles barracões simples e sujos, viviam na mais abjeta promiscuidade. Se na África eram príncipes, aqui nem plebeus eram; se lá os valores faziam-nos representantes da raça humana, nestas paragens eram desprovidos dos resquícios menores da humanidade. Não havia a quem reclamar.

A Igreja Católica calava-se acerca da escravidão; ela mesma mantinha suas escravarias. Se os jesuítas protestavam contra a servidão do índio, pouco se importavam quanto à do negro. Sob a proteção deste campanário de impunidades, os senhores impingiam castigos em seus escravos que ultrapassavam as raias da selvageria.

Presos aos troncos, os negros eram literalmente desancados pelo chicote do feitor. Suas carnes desgrudavam-se dos ossos, desfigurando cada feição escrava. As mulheres eram violentadas e seviciadas. As crianças, aviltadas desde o seio materno; o leite que lhes deveria destinar a mãe era reservado ao filho do patrão. Caso algum escravo ousasse reclamar, era-lhe colocado um ovo quente na boca e, em seguida, imobilizavam-lhe o maxilar. Matar um escravo não era crime; era um direito do amo.

Em conseqüência destes tratamentos mais que desumanos, muitos negros preferiam fugir de seus senhores e formar quilombos, onde pudessem desfrutar de alguma liberdade. O Quilombo dos Palmares, formado sobre bases socialistas, é o símbolo maior da resistência negra contra a escravidão em nossa pátria.

VII. O Movimento Abolicionista

O mais antigo abolicionista brasileiro foi Manoel Ribeiro da Rocha. No livro *Etíope Resgatado*, antecipa-se às idéias defendidas por Condorcet, Clarkson e Wilberforce, que muito lutaram para que a escravidão fosse extinta do mundo moderno. Hipólito da Costa, através do *Correio Brasiliense*, realça os mesmos princípios. De Londres, escreve o eminente jornalista: "Se o governo do Brasil remediar este mal, os filantropos lhe perdoarão todos os demais".

A plataforma política dos inconfidentes mineiros advogava a imediata extinção do trabalho servil em nossa pátria. Mais tarde, na constituinte de 1823, José Bonifácio de Andrada e Silva voltaria a lutar por essa causa que, entre a elite brasileira, jamais fora considerada nobre.

Quando da eclosão do movimento abolicionista brasileiro, as idéias de Guilhaume Raynal, expostas no excelente livro *Histoire*

Philosophique des Etablissemente et Du Commerce des Européens, dans les Deux Indes, já eram bem conhecidas. Raynal condena ousadamente a escravidão e o Tribunal do Santo Ofício. Já agora angustiado, exige um Espártaco negro para lutar em prol da liberdade dos oprimidos filhos de África.

O ilustre político pernambucano Joaquim Nabuco, defendendo a redenção dos africanos brasileiros, declara: "A escravidão é um estado violento de compressão da natureza humana, no qual não pode deixar de haver, de vez em quando, uma forte explosão".

O orador e jurista baiano Rui Barbosa afirma: "A escravidão, resultado de todos os crimes, supressão organizada do sentimento moral pela covardia e pelo roubo, aveza os povos à promiscuidade habitual com a ignorância, a miséria, a violência, e malversação". Continua o tribuno: "A escravidão do negro é a mutilação da liberdade do branco. O elemento servil algema a nação constituída ao regime colonial". Prossegue o campeão da liberdade e da democracia: "A ignomínia que barbariza e desumana o escravo, conspurca a família livre, escandaliza no lar doméstico a pureza das virgens e a castidade das mães: perverte irreparavelmente a educação de nossos filhos: atrofia a nossa riqueza: explica todos os defeitos do caráter nacional, toda a indolência do nosso progresso, todas as lepras da nossa política, todas as decepções das nossas reformas, todas as sombras do nosso horizonte",

A luta pela abolição da escravatura arrasta-se por várias décadas. A vitória final é conseguida mediante ingentes esforços. No dia 27 de outubro de 1831, é proibida a entrada de escravos no país. Essa resolução seria reforçada, em 1850, com outro decreto, extinguindo o tráfico negreiro. A Inglaterra, por intermédio do *Aberdeen Act*, passa a sujeitar, aos seus tribunais, os navios apanhados transportando escravos. Os ingleses surpreendem e aprisionam várias embarcações brasileiras repletas de negros. Por esse motivo, o ministro da justiça, Euzébio de Queiroz, assina a lei suprimindo definitivamente o tráfico de escravos.

Todavia, por ser o negro a força motriz da estrutura monocultora brasileira, a concretização do abolicionismo sofre não poucos retardamentos. Procurando amenizar a situação, o deputado Antônio Ferreira França propõe a extinção gradativa do trabalho servil. Em sua apologia à liberdade dos filhos dos cativos, é enérgico: "O ventre não transmite escravidão".

O abolicionismo, opinam idôneos historiadores, foi um movimento nascido e desenvolvido à margem dos partidos políticos. A campanha começa a crescer definitivamente em 1879, com um discurso proferido por Jerônimo Sodré, reivindicando a pronta libertação dos escravos. Escreve Joaquim Nabuco ter o pronunciamento de Sodré desencadeado a avalanche anti-escravista no Brasil.

Nove anos depois, os esforços libertários dos abolicionistas são coroados de êxito. A princesa Isabel assina, no dia 13 de maio de 1888, a Lei Áurea. Este diploma legal originou-se de um projeto elaborado pelo ministro da Agricultura, Rodrigo Silva, na sessão da câmara, em 8 de maio do mesmo ano, que constava de dois artigos:

1) É declarada extinta a escravidão no Brasil
2) Revogam-se as disposições em contrário.

Conclusão

Embora a escravidão tenha sido extinta, a servidão espiritual continua a afligir milhões de seres humanos em nosso país. Negros e brancos, ricos e pobres, crianças e velhos. Da idolatria romana e dos cultos trazidos da África, a maioria dos brasileiros ainda não se libertou. Segundo as últimas estatísticas, cresce a cada ano o número dos que aderem aos cultos afros, às seitas, à Nova Era e às religiões do Oriente.

Infelizmente, como já o dissemos, muitos são os que consideram as manifestações religiosas oriundas da África como simples e inofensivo folclore. Estas, todavia, contrariam frontalmente a Palavra de Deus; escravizam, maltratam e acabam por lançar os que as praticam na condenação eterna. Mas veio o Senhor Jesus para libertar a todos os cativos de Satanás.

Que o educador cristão, por conseguinte, mantenha-se atento e fiel aos princípios das Sagradas Escrituras.

QUESTIONÁRIO

1. O que é a escravidão?
2. Como era a escravidão no mundo mediterrâneo?
3. Que serviços faziam os escravos em Roma?
4. Como era a escravidão no Brasil?
5. De que forma eram os escravos tratados no Brasil?
6. Que atividades desempenhavam os escravos em nossa terra?
7. Como Platão encarava o escravismo?
8. Como alguns filósofos justificavam a escravidão?
9. Quais nossos principais abolicionistas?
10. O que disse Rui Barbosa da escravidão?
11. Como o educador cristão deve encarar o servilismo?
12. Em que sentido a escravidão ainda atrapalha o desenvolvimento social do Brasil?

13

São os Cultos Afros um Mero Folclore?

Sumário

Introdução

Os cultos afros, para alguns escritores, não passam de meras e inocentes manifestações folclóricas. Eles os apresentam travestidos de cores alegres e lépidas. É a dança dos terreiros; é a invocação das entidades da mãe África; são os pontos ressonados pelos pais-de-santo. Não houvesse discernimento espiritual, ninguém diria tratar-se de operação maligna. Em tudo se mostra tradição. O mesmo se pode dizer das religiões indígenas e das homenagens que os católicos fazem aos seus santos.

Atrás de todo esse cortinado, porém, acha-se o príncipe das trevas a destruir milhões de preciosas vidas. Do Amazonas ao Rio Grande do Sul, os cultos afros se fazem presentes sob as mais diversas roupagens. Candomblé, macumba, catimbó; não importa; é culto ao demônio.

Que o educador cristão disso se conscientize, e não se deixe embair por aqueles que teimam em colocar no rol das realizações culturais de nosso povo aquilo que, diante de Deus, não passa de idolatria, pecado, abominação e adoração ao diabo. Nosso dever é levar o Evangelho de Cristo a toda criatura, proclamando a todos os homens as demandas e reivindicações das Sagradas Escrituras. Vejamos, em primeiro lugar, a definição mais popular dos cultos afros.

I. O que É a Macumba

No vocábulo *macumba,* vêem alguns estudiosos brasileiros, entre os quais Câmara Cascudo, a referência a um instrumento musical africano de percussão. O referido instrumento era feito de vara de ipê, ou bambu. Tinha um metro de comprimento. Serrilhado, produzia um som todo particular. O que o executava recebia a alcunha de macumbeiro.

Em termos gerais, o termo *macumba* designa os vários cultos afros praticados no Brasil. Apesar de receberem eles uma denominação diferente em cada região, genericamente são conhecidos como macumba. Até os mesmos especialistas assim os classificam. Haja vista o sociólogo Arthur Ramos: "Por extensão, xangô em alguns Estados passou a designar local das cerimônias fetichistas. Isto é um fenômeno comum de translação semântica. *Macumba*, primitivo instrumento musical, e *macumba*, centro de feitiçaria. As festas religiosas são chamadas candomblés na Bahia, catimbós e xangôs no Nordeste, macumbas no Rio, termo que tende a generalizar-se".

Em suas pesquisas, Harmom Johnson descobriu existirem no Brasil diversos segmentos de cultos afros: umbanda, quimbanda, macumba, batuque, pará, xangô, candomblé, culto do caboclo e pajelança. Por que tantos nomes para descrever um único culto? Explica o folclorista Aguiar Bastos que as diferenças entre essas várias manifestações não são muitas; desprezíveis até. Justifica-se, pois, adotar o termo macumba para nominar os vários cultos afros desenvolvidos no Brasil. Na essência, todos eles tiveram uma só origem.

II. A Formação do Fetichismo Brasileiro

Ao estudarmos os cultos afro-brasileiros, temos de levar em conta os contingentes que formam a sua base. Se não o fizermos, jamais compreenderemos por que os terreiros de macumba espalharam-se tão rapidamente no Brasil. Neste estudo, somos obrigados a recorrer às ciências sociais. A história, a antropologia e a sociologia muito nos ajudarão.

Não podemos evangelizar os que se acham presos à macumba, sem que dela tenhamos uma nítida visão.

Quatro foram os contingentes que contribuíram para a formação dos cultos afros: o catolicismo lusitano, a crendice ameríndia, o fetichismo africano e o espiritismo de Kardec. Deste amálgama, brotou uma religiosidade que tantas almas vem escravizando nestes séculos de Brasil. Para alguns, como vimos, ela não passa de folclore. Todavia é um culto declarado ao demônio.

Nota-se, pois, que a principal característica dos cultos afros é o sincretismo que, segundo Eugene Nida, "envolve uma acomodação de conteúdo, uma síntese das crenças e uma amalgamação das cosmovisões de tal forma a prover algumas bases comuns para a construção de um novo sistema ou uma nova abordagem".

III. O Catolicismo Romano

O cristianismo que os portugueses trouxeram para o Brasil em nada diferia das religiões pagãs que, ao longo dos séculos, foram sendo assimiladas pela Igreja Católica. Das mitologias latina e céltica; das tradições que iam fincando raízes na Península Ibérica, foram os católicos portugueses multicolorindo sua religião que, no alvorejar do século XVI, já estava bem plantada na terra recém-descoberta.

Segundo Riolando Azzi, o catolicismo trazido para o Brasil era marcadamente medievo, leigo e familiar. Era uma crença funcional que buscava nos santos a ajuda imediata para os problemas do cotidiano. Conforme diria Gilberto Freyre, tratava-se de um cristianismo liricamente social; era mais um culto familiar do que uma religião oficialmente instituída.

O sociólogo Roger Bastide discorre acerca da religiosidade romana praticada em solo brasileiro: "A transformação morfológica por que passou a sociedade, quando transplantada de Portugal ao Brasil, teve uma repercussão longínqua, atingindo o domínio de símbolos, de valores e de idéias religiosas através da criação do que se chamou de catolicismo caseiro, centralizado no culto dos santos padroeiros, do patriarca e dos mortos da família, que eram enterrados na mesma capela e eram cercados com a mesma reverência".

Tendo em vista tais características, o catolicismo romano amalgamou-se rapidamente às religiões ameríndias. Afinal, precisavam os colonizadores encontrar um meio de salvar a alma do gentio que, naquela época, podia ser contado aos milhões em solo brasílico. Infelizmente, não era intenção da igreja romana ganhar a alma do índio; escravizá-lo era a sua intenção. Ainda com as experiências do Tribunal do Santo Ofício bem vivas em sua mente, os novos donos da terra utilizaram-se dos mesmos recursos para submeter o pagão que habitava este paraíso.

Nesta transculturação, foram os lusitanos absorvendo o paganismo que tentavam destruir.

IV. A Crendice Ameríndia

Embora subjugados, os índios que aqui viviam provaram que a sua religião não podia ser facilmente vencida pelo homem branco. Suas lendas e tradições tinham uma força muito grande; nascidas num cenário rude e floral, acabaram por influenciar o poderoso catolicismo romano. O que dizer dos espantos e medos de nossos matutos? Não são um retrato fiel das crenças das diversas nações índias?

A religião indígena era mui rudimentar e impregnada de magia. Nossos selvagens julgavam-se filhos de Guaraci, a mãe de todos os homens. Eles acreditavam que Jaci era a criadora dos vegetais. Mas, quem eram Guaraci e Jaci? O sol e a lua. Para alimentar sua vida livre e concupiscente, rendiam homenagens a Rudá, que era o deus encarregado do amor e da reprodução.

Como os outros seres humanos, acreditavam eles também na existência do mal. Quando a noite chegava, recolhiam-se amedrontados. Jurupari já estava à espreita para infundir-lhes pesadelos e apertar a garganta de suas crianças. Além de Jurupari, os índios brasileiros temiam ainda outros espíritos e demônios. Para que os espíritos malignos não se apossassem de seus corpos, eles pintavam as entranhas com cores fortes. O vermelho era a cor predileta. Por ocasião das cerimônias fúnebres, seus cuidados redobravam-se.

O sacerdote das várias religiões indígenas era o pagé que, segundo Capistrano de Abreu, curava os doentes, dava ou tirava a saúde, roubava e escondia a alma de quem o ofendesse. Se algum sucesso obtinham na cura das enfermidades, devia-se ao conhecimento que conservavam das ervas medicinais. A cura, porém, não era a regra; constituía-se numa feliz exceção naquele mundo de superstições e misérias espirituais.

V. O Fetichismo Africano

Já no Brasil, os africanos começaram a acomodar o seu fetichismo ao catolicismo lusitano e às religiões ameríndias. Mais tarde, farão o mesmo com o espiritismo kardecista. Aliás, o fenômeno da acomodação não é novo. Na história do povo de Israel, podemos ver claramente uma tentativa de se acomodar o culto mosaico às religiões vizinhas. E por pouco os idólatras não conseguem o seu intento. Foi necessário que os profetas bradassem eloqüentemente para impedir a degenerescência da religião mosaica.

Ora, como a Igreja Católica Romana nunca teve qualquer preocupação profética, pois ela mesma é o produto de várias acomodações, foram os escravos adaptando-se ao universo religioso que se formava no Brasil. Influenciados pelo catolicismo; influenciavam o romanismo. E, assim, muitas entidades africanas passaram a ser identificadas com santos católicos e com personagens do panteão ameríndio. Oxalá, a principal divindade dos iorubas baianos, assimilou-se a Cristo. Ogum, a São Jorge. Xangô, a São Jerônimo. E, Yemanjá, a Nossa Senhora.

Escreve o sociólogo Arthur Ramos a respeito de Yemanjá: "As deusas-mães nos chegaram ao Brasil por intermédio de Yemanjá. Com Yemanjá vieram mais dois orixás iorubanos: Oxun e Anhamburucxu. No Brasil houve uma forte confluência mítica: com as deusas-mães, sereias do paganismo supérstite europeu, as nossas senhoras católicas e as iaras ameríndias".

VI. O Espiritismo Europeu

Na formação das religiões afros, muito contribuíram as doutrinas espíritas sistematizadas pelo francês Alan Kardec. Embora uma das religiões mais antigas, o espiritismo carecia de alguém como Kardec para dar-lhe um corpo doutrinal que, à primeira vista, pode até impressionar. No entanto, sua inconsistência é mais que flagrante.

Foi essa crença na reencarnação e na comunicação com o mundo dos mortos que levou os escravos a terem um ingrediente a mais neste cadinho de fetichismo, idolatria e crenças mitológicas, que deu origem ao que popularmente chamamos macumba.

Embora não o admitam os espíritas, as crenças de Kardec estão intimamente relacionadas com as religiões afros. Se pudermos estabelecer um paralelo entre o Espiritismo e a macumba, fá-lo-íamos desta forma: a macumba é o espiritismo sacerdótico e ritual; e, o espiritismo, a macumba sem a liturgia cruenta. Por mais que os seguidores de Kardec queiram mostrar as diferenças entre a sua religião e as religiões afros, na essência são irrelevantes: desprezam ambas o bondoso Deus e aferram-se às doutrinas dos demônios; substituem a mediação de Cristo por medianeiros que não existem, pois frutos da imaginação do ser humano caído da graça de Deus.

Conclusão

Os cultos afros, como pudemos ver, são o resultado das quatro vertentes que entraram na composição do povo brasileiro. Sociologicamente falando, pode-se até explicar o fenômeno dos cultos afros em nossa pátria. Entretanto, Deus não aceita tais teorias; são-lhe repugnantes. Quando buscamos a sua origem, descobrimos que o espírito que atuou nos sacerdotes de Baal continua a comandar os terreiros de macumba e candomblé. Os nomes são diferentes; diferentes também são os rituais. O espírito, porém, é o mesmo: contrário a Deus e aos seus testemunhos.

Portanto, que os educadores cristãos tenhamos em mente a origem de todo esse sincretismo, a fim de que, quando estivermos anunciando o Evangelho, possamos fazê-lo sabendo com quem estamos tratando. Por acaso não agiu assim Paulo ao evangelizar os atenienses? Ele conhecia profundamente a cultura e a religião da gente helena; por isto: teve condições de mostrar-lhes a superioridade de Nosso Senhor Jesus Cristo.

QUESTIONÁRIO

1. Por que não podemos considerar os cultos afros um mero e simples folclore?
2. O que é a macumba?
3. No sincretismo religioso brasileiro, qual a contribuição do índio?
4. Qual a contribuição do branco?
5. Qual a contribuição do espiritismo de Kardec?
6. Como o educador cristão poderá lidar com estes ingredientes para mostrar que os cultos afros não são um mero folclore?
7. Como você encara a religiosidade do povo brasileiro?

14

Somente uma Igreja Avivada Pode Mudar a História do Brasil

Sumário

Introdução

Vivia a Inglaterra um dos períodos mais críticos de sua história. A corrupção já havia tomado conta de todos os escalões do governo; a justiça estava enferma; a moral debruava-se pelas enlameadas sarjetas de Londres. A prostituição e a jogatina armavam suas tendas em cada logradouro. Nesta época crivada de frustrações e desesperanças, o consumo de bebidas alcoólicas aumentara assustadoramente. Os ingleses embriagavam-se tanto, que não conseguiam voltar para casa. Muitos caíam pelas ruas e lá ficavam até se enregelarem; morriam como se fossem cães sarnentos.

O século XVIII apressava-se por sepultar a brava nação saxônica.

Os pastores anglicanos não diferiam muito dos representantes de Roma. Estavam mais preocupados com o seu bem-estar do que com a saúde espiritual dos paroquianos. Os requisitos da Grande Comissão não eram observados, nem levados em consideração os reclamos de uma vida piedosa e santa. Para a igreja oficial britânica, religião era sinônimo de prestígio, poder e riqueza.

Foi por esta época que o filósofo Voltaire visitou a Inglaterra. Ao retornar a Paris, optou por ficar com o seu ceticismo; parecia-lhe este melhor que a emproada religiosidade de Cantuária.

Deus, porém, não havia abandonado as ilhas britânicas. Estava prestes a enviar-lhes alguém com uma mensagem tão poderosa, que as abalaria do Canal da Mancha ao Mar do Norte. Centrada na plenitude do Evangelho de Cristo, esta mensagem haveria também de sacudir a América e as mais distantes possessões de Sua Majestade.

Este alguém seria John Wesley, um dos maiores evangelistas de todos os tempos. Deus o usaria de maneira singular para anunciar o Evangelho aos ingleses, e educar a Igreja de Cristo nas ilhas britânicas.

Após anos de intenso preparo espiritual, o intrépido evangelista dá início a um trabalho que, na opinião de abalizados historiadores, livraria o povo inglês de uma revolução semelhante àquela que tantos transtornos trouxe à França. A partir de Wesley, começa a Inglaterra a experimentar um grande progresso. Os ingleses compreendem finalmente a eficácia deste texto áureo:

"Feliz é a nação cujo Deus é o Senhor". Em pouco tempo, ingressa o estado britânico numa nova e decisiva fase de sua história. Juntamente com a prosperidade espiritual, aportam naquelas terras a fartura e a segurança. Confirmaria mais tarde a rainha Vitória ser a obediência à Palavra de Deus a razão da grandeza da Inglaterra.

É de um despertamento assim que necessita o Brasil. Sem este sopro do Espírito, não conseguiremos sair do marasmo em que nos encontramos. Nosso país há de ser sacudido pelo poder de Deus; doutra forma: não resistiremos às provações que se avizinham de nossas crônicas. Necessitamos deste mover do Espírito para que venhamos a ter, brevemente, uma grande colheita de almas.

Como os educadores cristãos fugiremos a esta responsabilidade? O avivamento começa justamente pelo ensino persistente, sistemático e amoroso das Sagradas Escrituras. A história se cala a respeito dos avivamentos deflagrados sem o imediato retorno à Palavra de Deus. Queremos, de fato, um avivamento? Voltemos urgentemente ao magistério da Bíblia! Ensinemos ao povo de Deus ser este o único caminho para a Igreja de Cristo reviver os dias de refrigérios.

I. O Momento mais Decisivo de Nossa História

Nesta altura tão dolorosa de nossa história, urge-nos arvorar como a voz profética da Igreja de Cristo. Somente assim a pátria há de sobreviver moral e espiritualmente. As medidas tomadas, até agora, pelas autoridades, visando sanear nossas instituições, têm-se revelado inócuas e ineficazes. Vivemos uma situação semelhante à de Roma. Lá, segundo o filósofo francês, Montesquieu, morriam os corruptos, mas ficava a corrupção.

Exibia-se esta como se fora uma hidra; morria nunca. Outras vezes, renascia como o phoenix; embora cinzas, cobria o capitólio.

Não é o que vem acontecendo ao nosso país? Com a abertura política da década de 1980, fomos induzidos a pensar que o Brasil se reerguería moralmente. Passada a primeira euforia, reparamos que a corrupção continuava a desafiar a Nova República e a afrontar nossas mais caras heranças. Davam à corrupção, agora, outros nomes; não deixava, porém, de ser corrupção. Apesar dos métodos novos, corrupção. Já se conclui, pois, que o problema de nosso país não é moral: é espiritual. Não é uma luta que se trava no campo da ética, ou no terreno do direito. É uma batalha que se rompe nas regiões celestiais, onde Satanás busca deturpar as nações para fortalecer o seu reino. Aliás, este é um conflito tão antigo, quanto a própria história do homem. É só ler o capítulo 10 de Daniel para se inteirar das astutas e inescrupulosas intervenções do adversário no governo dos Estados.

Como diagnosticar a doença que definha o Brasil? Rui Barbosa, diagnosticou-a desta forma: "Todas as crises, portanto, que pelo Brasil estão passando, e que dia-a-dia sentimos crescer aceleradamente, a crise política, a crise econômica, a crise financeira, não vêm a ser mais do que sintomas, exteriorizações parciais, manifestações reveladoras de um estado mais profundo, uma suprema crise; crise moral".

O grande tribuno baiano estava certo. Acredito, todavia, não ter ele descoberto a verdadeira gravidade da doença que, desde o seu tempo, vem debilitando o organismo deste grande pais. Neste particular, Paulo Mendes Campos foi mais feliz: "Imaginemos um ser humano monstruoso que tivesse a metade da cabeça tomada por um tumor, mas o cérebro funcionando bem; um pulmão sadio, o outro comido pela tísica; um braço ressequido, o outro vigoroso; uma orelha lesada, e outra perfeita; o estômago em ótimas condições, o intestino carcomido de vermes... Esse monstro é o Brasil".

Ora, nenhum exercício de lógica é necessário para se descobrir que há um tumor carcomendo o vigor de nossa pátria. Por mais que intervenham os médicos, este tumor cresce, alastra-se e deita raízes nos tecidos ainda sãos. Como deter esta metástase? Por mais que se abra este organismo, já desfigurado por tantas cirurgias, o velho câncer não cede. Lá está ele atacando os anticorpos e aumentando seu raio de ação. Será que as fibras deste corpo corromper-se-ão todas? Como povo de Deus, não podemos nos conformar com esta intumescência maligna.

Se a Igreja no Brasil cumprir cabalmente a sua missão profética e sacerdotal, o castelo da corrupção, que se ergue em todos os rincões da pátria, há de ser abalado. Sim, há de ser abalado este maldito castelo e as suas portas não hão de resistir ao ímpeto do povo de Deus. No entanto, como agiremos como modelo, se deixarmos de ser paradigma?

Que as nossas armas, doravante, sejam as mesmas de John Knox. Este campeão de Deus conseguiu alterar profundamente, não apenas a política, como também a mesma história de seu país. Que segredo detinha Knox? Oração e confiança irrestrita na intervenção divina no curso da história. Nas caladas de sua aflição, orava: "Senhor, dá-me a Escócia senão morrerei! Dá-me a Escócia, senão morrerei!" Que intercessão dolorida e sacrificial!

Espero que ainda haja homens como John Knox em nosso país. Embora lhes acenem os favores seculares, mantenham reservas morais necessárias para se conduzirem como profetas e sacerdotes. Nunca o mundo careceu tanto de ambos os ministérios como hodiernamente. Que os ministros do Senhor se ergam para condenar o pecado; não se esqueçam, todavia, de interceder por aqueles que caminham para o inferno. Que tenham voz e lágrimas, exemplos e conselhos! Ao invés de se curvarem ante os poderosos, demonstrem suficiente fibra para interpretar a escritura na parede, e desvendar as alucinações dos que detêm o mando. Ajamos assim e haveremos de alterar nossa história.

II. É Hora de Alterar Nossa História

O que a Igreja de Cristo, no Brasil, poderá fazer para alterar nossas feições históricas? Em primeiro lugar, há de se portar como a agência educadora do Reino de Deus. Que ela cumpra todos os ditames da Grande Comissão.

Não nos esqueçamos de que foi exatamente assim que João Calvino deu novos rumos à Suiça do século XVI. É mudando o caráter dos homens que se muda a sociedade; é mudando os indivíduos que se muda o Estado e o itinerário de uma história caótica e viciada. De nada nos adianta propugnar por uma mudança mais radical em nossa sociedade se não lutarmos por mudar o ser humano.

Como Igreja de Cristo, não podemos esquecer-nos de nossa tríplice missão. Fomos instados para ser uma nação real, sacerdotal e profética. Como nação real, fomos chamados para reinar na vida através de Cristo Jesus. Como nação sacerdotal, jamais haveremos de nos esquecer de rogar para que o Senhor abençoe nossos patrícios e conduza-os à vida eterna. E, como nação profética, cumpre-nos proclamar a Palavra de Deus. Quando desempenharmos plenamente nossa missão, arrancaremos o Brasil deste atoleiro. A solução para os nossos problemas não está numa mera mudança de cenário político, e, sim, numa mudança de rumos em nossa história. E isto será feito, sim, porque haveremos de buscar o avivamento de que tanto necessitamos.

Socorramos, pois, o Brasil enquanto é tempo. À semelhança de John Wesley, podemos alterar os destinos de nossa pátria, através da anunciação da Palavra de Deus.

Conclusão

Esta é a nossa sublime e intransferível missão. Como educadores a serviço do Reino de Deus, haveremos de implementar o estudo persistente, regular, sistemático e intensivo das Sagradas Escrituras. Assim, o Senhor Jesus enviará o avivamento que nos reconduzirá ao cenáculo pentecostal.

Você quer este avivamento? Ensine a Palavra. Deseja este mover do Espírito? Ministre a Palavra? Almeja por estes tempos de espiritual refrigério? Divulgue a Palavra. Sonha com esta poderosa visitação dos céus? Cumpre o seu ministério; exerça o seu mister como educador cristão.

QUESTIONÁRIO

1. Como foi deflagrado o avivamento na Inglaterra?
2. Quem era John Wesley?
3. Como era a Inglaterra antes do avivamento?
4. Qual o elemento chave do avivamento?
5. O que você está fazendo por este avivamento?

Nosso Compromisso

Considerando nossa responsabilidade diante de Deus, da Igreja de Cristo e do mundo,

Considerando nosso compromisso ante a inspirada, infalível e inerrante Palavra de Deus – a Bíblia Sagrada,

Considerando nossa vocação para o ministério do ensino cristão,

Considerando as urgências destes últimos dias,

E considerando a imprescindibilidade do santo magistério para a Igreja de Cristo e para os que ainda não são Igreja,

Os educadores cristãos firmamos os seguintes propósitos para a glória e honra de Nosso Senhor Jesus Cristo:

1. Fundamentar todo o ensino cristão na doutrina dos profetas do Antigo Testamento e dos apóstolos do Novo Testamento.

2. Ter sempre o Senhor Jesus Cristo como o Mestre dos mestres e Professor dos professores. Ele é o pedagogo por excelência.
3. Jamais negociar com a ortodoxia bíblica nem substituí-la quer pela teologia liberal quer pela vã filosofia; a sã doutrina é inegociável.
4. Combater as heresias, as falsas doutrinas e as seitas, através da Palavra de Deus.
5. Cumprir rigorosamente os itens da Grande Comissão para que todas as nações venham a reconhecer, ainda nesta geração, a Jesus Cristo como o Único e Suficiente Salvador.
6. Educar o ser humano na Palavra de Deus, a fim de que seja este útil tanto para a Igreja de Cristo quanto à sociedade.
7. Nunca desconsiderar o caráter bíblico, evangélico e profético do ensino cristão.
8. Mostrar a todos que o Senhor Jesus Cristo não é apenas um caminho para se levar a Deus, mas o único e sublime caminho suficientemente capaz de nos conduzir ao Pai Celeste.
9. Repudiar o relativismo moral, e deixar bem claro que a Bíblia Sagrada trata com o homem em termos absolutos e inegociáveis: o que é certo é certo; o que é errado é errado; e o que disto passa é de procedência maligna.
10. Realçar a santidade da vida, repassando aos educandos que a Bíblia é clara, direta e incisiva quando ordena: "Não matarás".
11. Conduzir os jovens no caminho de Deus, livrando-os das contaminações deste mundo como o sexo livre, as drogas, a violência, o ateísmo etc.
12. Ensinar as crianças no caminho em que devem andar para que, quando grandes, não venham elas a se desviar de Deus.
13. Utilizar todos os recursos da educação, da pedagogia e da didática, não nos esquecendo, porém, de que o conteúdo do ensino cristão, apesar de todos os avanços e modernidades, é imutável.

Por conseguinte, tudo faremos para educar o ser humano na Palavra de Deus; esta é a essência da Grande Comissão que nos deixou o Senhor Jesus Cristo.

Que Deus nos ajude a cumprir esta árdua, porém sublime missão!

A Deus toda a glória!

Pr. Claudionor de Andrade